주와 함께 살며 묵상하며

주와 함께 살며 묵상하며

발행일   2025년 5월 30일

지은이   오승재
펴낸이   손형국
펴낸곳   (주)북랩
편집인   선일영   편집   김현아, 배진용, 김다빈, 김부경
디자인   이현수, 김민하, 임진형, 안유경, 최성경   제작   박기성, 구성우, 이창영, 배상진
마케팅   김회란, 박진관
출판등록 2004. 12. 1(제2012-000051호)
주소   서울특별시 금천구 가산디지털 1로 168, 우림라이온스밸리 B동 B111호, B113~115호
홈페이지 www.book.co.kr
전화번호 (02)2026-5777   팩스   (02)3159-9637

ISBN   979-11-7224-660-0 03230 (종이책)   979-11-7224-661-7 05230 (전자책)

주와 함께 살며 묵상하며

오승재 지음

북랩

추천사

『주와 함께 살며 묵상하며』는 '묵상이 있는 삶'에서 나온 이야기들입니다. 성경의 진리를 배우며 실생활에서 확인하고 실천하면서 사는 것이 신자의 묵상입니다. 저자는 자신의 삶에서 일어났던 여러 가지 짤막하고 흥미로운 에피소드와 함께 일상에서 겪는 신앙 문제를 성경 말씀에 비추어 이해하도록 돕습니다. 이 과정에서 저자는 성경의 묵상과 적용이 어려운 일이 아니라는 것을 보여줍니다. 본서는 누구나 동감하며 고개를 끄덕일 수 있는 성경의 진리를 과장이나 겉치레가 없이 솔직하게 진술합니다. 추상적이거나 구태의연한 말은 한마디도 없습니다. 성경 말씀을 이렇게 재미있고 쉽게 생활 속에서 발견하도록 예시한 책은 많지 않습니다.

이 책을 읽으면 저자가 매우 소박한 신앙생활을 하고 있다는 인상을 받습니다. 나이가 드신 어른이시지만 어린아이 같은 순진함과 순박한 마음으로 주님을 꾸밈없이 따르는 모습이 감동을 줍니다. 본서를 읽어 나가노라면 어느새 저자의 눈으로 내 삶과 세상을 보는 듯한 동질감이 생깁니다. 그래서 나도 주와 함께 살며 묵상해 보고 싶습니다. 광야에 펼쳐진 만나처럼, 보아스의 밭에 남겨진 나락처럼, 날마다 나의 삶 속에서 진리의 조각들을 거두어 보십시오. 마치 입속에 석류알이 터질 때마다 달콤한 액즙이 흘러나오듯, 본 서의 각 편에서도 말씀의 단맛이 흐르는 것을 체험할 것입니다.

양들의 식탁 대표

이중수 목사*

---

* 이중수 목사는 1980년대 초부터 성경 강해와 사회복지 선교사역에 종사하였다. 특히 목회자들을 비롯하여 신학생과 평신도들에게 성경강해의 진면목을 알리는 데 기여했다. 그는 한국성서유니온의 창립이사를 역임했고 현재는 '양들의 식탁 대표이사로 섬기고 있으며 은퇴하여 Florida 주에 거주하고 계신다. 신학 교육은 영국의 London Bible College, Capernwray Bible School에서 받았다.

저서로는 『하나님의 돈』, 『헌금 이야기』, 『여백의 하나님』, 『믿음의 정상』, 『선지자의 침묵』, 『하나님의 사람들』, 『슬픔이 변하여 춤으로』, 『주기도문』, 『시편 23편』, 『여호와 이레』, 『갱신된 교회의 모델』, 『구약 강해시리즈 1~3; 엘리사, 여호수아, 호세아 상, 하』, 『신약 강해시리즈 1~5; 골로새서, 데살로니가 후서, 갈라디아서 강해, 히브리서 강해, 마가복음 강해』 등이 있으며, 역서로는 『구원의 핵심』, 『복음의 핵심』, 『주님은 나의 최고봉』 등이 있다.

추천사

저자 오승재는 기독교인의 삶을 누림, 섬김, 그리고 살림이라고 정의하며 자신의 지난날들이 누림과 섬김에는 어느 정도 입문했는데 살림이 없었다고 아쉬워하며 이 책을 출간했다. 저자에게 살림은 사람들에게 복음을 나누고, 냉담한 이웃들의 신앙을 복돋우고, 기독교신앙의 정당성을 옹호하는 복음전파 사역을 의미한다. 사실 작가 오승재는 이미 여러 권의 소설과 신앙자서전을 출간하여 복음을 증거했고, 살림의 사역에도 참여했다. 그는 책을 통해 세속화된 교회와 피상적인 그리스도인들의 신앙행태를 예언자적인 유머와 풍자로 질타했다. 그런데 오승재 작가에게 그 질타와 비판적 성찰의 첫 대상은 항상 자기 자신이다. 그는 남을 비판하기보다는 자기를 투명하게 분석하고 객관화하여 때로는 희화화하고 때로는 자책한다. 작가의 2000년 초기 단편소설집『급매물교회』와『신 없는 신 앞에서』, 그리고 2017년 작『일상에서 만나는 하나님』등은 살림의 사역을 잘 감당한 봉헌물이다. 최신작『나는 어떻게 기독교인이 되었나?』(2023년)는 자신의 신앙여정을 구술한 자서전문학으로서 복음을 증거한 살림의 또 다른 봉헌물이다. 따라서 오 작가는 '살림'의 사역이 부족한 분이 아니다. 스스로를 낮춰 생각하는 것뿐이다.

이 책은 작가 오승재 교수님이 2003년부터 2011년까지 약 9년에 걸쳐서 쓴 아침 경건 묵상록들을 묶어 만든 책이다. 성경 구절 하나를 해석하고 적용하기 위한 스토리가 끌어가는 묵상록이다. 각각의 글에 제목이 붙어 있는 쉰두 편의 아침 경건 묵상록은 기독교신앙의 본질, 신앙성장의 면목, 그리고 교회의 본질에 대한 성찰과 사색들을 담고 있다. 이 책의 특장은 네 가지이다.

첫째, 이 책은 단지 성경구절을 재진술하는 데 그치고 있는 대부분의 큐티 도서들과는 전적으로 다르다. 이 책은 짧은 이야기가 끌어간다. 작가 자신과 주변 사람들에게 일어난 사건들과 일화들을 바탕으로 본문의 참된 의미를 풀어나간다. 이 짧은 스토리는 해당 성경구절의 교훈과 적절하게 호응한다. 인용된 예화들이 말씀을 살아있게 만든다는 것이다.

둘째, 작가는 이 글에서도 자신의 내면을 부단히 성찰하되 자신의 실수, 연약하고 불완전한 면모를 드러내고 객관화한다(첫째 글, 주차 실수 회상, 후반부 치매 관련 글). 자신을 신앙인의 모범으로 내세우기보다는 오히려 자신의 연약한 점을 예거함으로써 성경본문의 의미를 살리려고 한다.

셋째, 이 묵상록은 저자의 전기적 사건들의 동선을 따라가며(15. 남북 이산가족 상봉시 월북한 동생 오영재 시인 상봉기) 저자가 어떤 사람인가를 자연스럽고 유머러스하게 드러낸다(13. 새벽송 일화, 1954년 12월 25일). 특히 여행이야기, 저자가 만난 사람들 이야기, 가족 이야기, 생활습관 이야기, 저자가 존경하는 인물들 삽화(김진홍, 하용조 목사 일화) 등 여러 가지 갈래의 스토리를 책 읽기의 재미를 더한다(11. 세계군인 기독인대회 통성기도 일화).

넷째, 이 책은 독자들로 하여금 저자의 방식대로 하루하루의 일상생활의 사건들과 사람들과의 만남들, 그리고 사회의 여러 세대들을 말씀과 연동시켜 읽고 해석하도록 격려한다. 저자는 소소한 일상생활을 통해 하나님 말씀을 기억하고 해석하고 그것을 부단히 적용한다. 그에게 일상생활은 하나님 말씀의 입체적인 능력, 통찰, 그리고 지혜를 맛보는 현장이다.

우리는 밋밋한 본문 재진술로 이뤄진 대다수 큐티책이 오승재 작가의 큐티 에세이 방식으로 발전되어 좀 더 풍성해지기를 기대한다. 재미있는 큐티 에세이를 나눠준 저자의 살리는 살림사역이 저자 오승재 작가가 주님 뵙는 날까지 이뤄지길 기대한다.

김회권

* 1960년 경남 하동 출신. 서울대, 장로신학대학원을 거쳐 Princeton 신학교에서 박사 학위를 받음. 2001년까지 미국에서 신학 연구와 현지 한인교회를 목회하다가 귀국. 현재는 숭실대학교 기독교학과 교수, 교목실장을 역임하였음. 저서로는 『하나님 나라 신학으로 읽는…』으로 시작된 사도행전 1·2, 사무엘 상·하, 여호수아, 사사기, 룻기, 다니엘서 등과 『김회권 목사의 청년설교 1, 2, 3, 4』 등, 그 외 다수.

머리말

저는 기독교인의 삶은 '누림, 섬김, 살림'을 실천하고 사는 삶이라고 생각합니다.

첫째 '누림'이란 우리를 향한 하나님의 은혜를 누리는 행복한 삶을 말합니다. 하나님께서 자신이 죄인인 줄도 모르고 사는 세상 사람들에게 사랑하는 독생자 예수 그리스도를 세상에 보내사 육신을 입고 살게 하신 후 십자가에 달려 피 흘려 돌아가시게 하심으로 우리를 대속해 주셨는데 그것이 하나님의 은혜가 아니고 무엇이겠습니까? 그런데 세상 사람인 우리는 어떻습니까? "당신이 기도할 생각도 안 할 때 당신을 죄를 씻고 살리기 위해 예수님은 돌아가셨습니다"라고 하면 비웃을 것입니다. "하나님이 세상을 창조했다고? 교회에 나가 하나님을 믿으면 구원을 받는다고? 구원을 받아 뭐하게. 정치하는 기독교인들을 봐라. 그게 구원받은 인간들이 하는 짓이냐? 꼭 믿어야 천당 간다면 오래 참으시는 하나님께서는 내가 죽기 바로 전에 믿어도 받아주실 거야" 이렇게 말하며 하나님을 비웃습니다. 성경에는 '육적인 사람은 하나님과 원수가 되고 만다. (롬 8:7)'라고 씌어 있습니다. 타락한 인간이 구원을 받을 수 있는 길은 오직 은혜의 기적으로, 성령의 초자연적인 능력으로만 가능해서 우리는 먼저 주님을 만나야 합니다. 그분의 은혜를 체험하고 살며 이 황홀함을 누리는 삶을 사는 것이 첫째입니다.

둘째는 '섬김'의 삶입니다. 주를 영접하고 천주교 신부가 되었던 이태석 신부는 2001년 12월 아프리카 남부 수단의 톤즈에 갔을 때 병실 12개를 짓고 의료봉사활동을 했으며 학교를 지어 초·중·고 12학년 과정을 만들어 문맹을 퇴치했을 뿐 아니라 톤즈 브라스밴드를 만들어 음악 활동을 도왔습니다. 그가 2008년 대장암으로 세상을 떠난 10년 뒤 그의 제자들은 본국에서 의사나 의대생, 국가 공무원 등으로 일하고 있었는데 모두 이태석 신부처럼 살고 싶어했다고 합니다. 이태석 신부는 현지에서 교회 건물이나 의식에 매달리지 않고 예수님처럼 본을 보이며 살았습니다. 이태석 신부를 따라 의사가 된 분들은 환자를 진찰할 때 먼저 청진기를 대기 전 손을 잡고 따뜻한 이야기부터 했다고 합니다. 왜 그렇게 하느냐고 물었을 때 이태석 신부가 그렇게 했다는 것입니다. 이것이 참 섬김의 삶입니다. 우리는 이렇게 위대한 일까지는 할 수 없어도 해외 선교사들에게, 기독교 방송국이나 선교 기관에, 또 선교단체에, 또 각종 세계적 민간공익단체에 참가하거나 헌금을 보낼 수도 있습니다. 이것이 하나님의 은혜를 누리고 산 기독교인이 해야 할 섬기는 삶이 아닐까요? 또한 이것이 주께서 우리에게 주신 사명입니다. "그러므로 너희는 가서 모든 민족을 제자로 삼아 아버지와 아들과 성령의 이름으로 세례를 주고 내가 너희에게 명령한 모든 것을 가르쳐 지키게 하라. 내가 세상 끝날까지 항상 너희와 항상 함께 있겠다.(마 28:19, 20)"라는 말씀을 순종하며 섬기는 삶입니다.

셋째는 '살림'의 삶입니다. 저는 예수님과 함께 살면서 '누림, 섬김'까지는 어떻게 했는데 이 '살림'에는 실패했습니다. 하나님을 부정하는 사람에게 나처럼 하나님의 은혜를 누리고 섬기며 살자고 권하는 것인데 상대방이 그렇게 되려면 먼저 하나님을 받아들여야 합니다. 하나님이 문밖에 서서 문을 두드릴 때 그가 문을 열고 나와 맞아들여야 하는데 그것은 제가 할 수 없는 일이기 때문입니다. 제가 잘 아는 한 권사님은 남편 전도를 못 해 후배 교인들에게 본이 되지 못한 것을 괴로워하며 남편에게 교회에 나가자고 권했지만 들어주지 않았다고 합니다. 그래서 새벽기도에 나갈 때마다 남편 신발을 싸서 들고 와 신발만이라도 주님 앞에 있었으면 좋겠다고 간절히 원했는데 어느 날은 신발을 찾아도 찾을 수가 없어 그날은 그냥 교회에 나왔는데 눈을 뜨고 살피니 남편이 한쪽에 저만치 나와 앉아 있는 것이 보였다고 합니다. 너무 감격해서 "감사합니다"

하고 하나님께서 남편을 움직여 교회에 나오게 해주신 것에 눈물을 흘리며 감사의 기도를 했다는데 그것도 며칠뿐 남편은 자기를 붙들고 간청했다고 합니다. "나 좀 그만 놓아줄 수 없어? 내가 당신 교회 나가는 걸 방해하거나 교회 활동을 방해한 적이 한 번이라도 있었어? 나 좀 놔 줘. 제발 너는 너, 나는 나 이렇게 좀 살자"라고 눈물로 호소했다고 합니다.

이 어려운 '살림'을 어떻게 실천하나 하고 고민하던 중 한번은 교회 목사님이 우연히 제 묵상 기록을 한번 읽어보고 이것은 참 좋은 문서선교가 되겠다고 말해 준 일이 있습니다. 신학자가 아닌 평신도가 쓴 간증이어서 참신하게 느껴진다는 것이었습니다. 제가 대학교수들과 성경공부를 하면서, 또 교회에서 성경공부를 인도하면서 도입으로 제 묵상을 읽게 하고 이처럼 자기들이 삶에서 체험한 실화를 발표하게 해서 서로 토론한 일이 있는 글들인데 내 묵상의 글에 동감하는 사람을 얻으면 하나님을 영접할 수도 있다는 이야깁니다.

이에 용기를 얻어 2003년부터 제가 써서 가끔 출판했던 내용을 취사선택하고 퇴고(推敲)하여 여기에 출판하기로 한 것입니다. 전에 출판했던 것은, 이제는 출판사도 없어졌고 정리할 필요가 있었기 때문입니다. 어쩌면 이것이 제 마지막 출판 도서가 될지도 모르겠습니다. 두렵고 떨리는 마음으로 상재(上梓)합니다.

오승재 올림

목차

| 제1부. 야곱의 사닥다리는 하늘에 닿았는가 |

제2부. 하 목사의 마지막 설교

제1부

야곱의 사닥다리는
하늘에 닿았는가

야곱은 사닥다리의 맨 끝 천국에
하나님이 종지부를 찍고 계신다고 믿고 있었습니다.

천국은 이성으로 가는 곳이 아니며
믿음으로 가는 곳입니다.

하나님은 늘 우리를 교훈하신다

> 사람이 침상에서 졸며 깊이 잠들 때에나 꿈에나 밤에 환상을 볼 때에 그가 사람의 귀를 여시고 경고로써 두렵게 하시니
>
> -(개역개정) 욥 33:14~16-

　하나님은 그때그때 우리를 교훈하십니다. 그런데 우리가 듣지 못한 것뿐입니다. 주님이시여! 교훈을 듣고 싶습니다. 그리고 순종하고 싶습니다.

　초여름이었습니다. 저는 아내를 교회에 데려다주고 오려고 교회 안뜰로 갔다가 만날 분이 있어 차를 부적절하게 주차하고 잠깐 내렸습니다. 그것을 보고 있던 한 여 집사가 나를 향해 소리쳤습니다. "장로님은 주차를 제대로 하지 않았어요" 이렇게 호되게 꾸중하는 것이었습니다. 나는 농담을 하는 것으로 알고 웃으며 응대하려 했습니다. 그러나 그 모습이 너무 엄했습니다. 나는 곧 금방 나오기 위해서 임시 주차한 것뿐이라고 변명했습니다. 그때 여 집사는 나에게 다시 말했습니다. 차선을 가로질러 주차했을 뿐 아니라 후진해서 꽃밭 쪽으로 주차했기 때문에 더 안 된다는 것이었습니다. 차의 배기가스 때문에 꽃이 죽게 된다고 말했습니다.

나는 나이 많은 장로를 닦아세우는 젊은 여 집사 때문에 너무 화가 나서 볼 일을 미루고 교회를 나와 직장으로 갔습니다. 직장이 가까워서 망정이지 멀었다면 아마 나는 분을 삭이지 못해 교통사고를 냈을 것입니다. 그러나 한순간의 분노가 노도 같이 스쳐 지나가자 나는 생각하기 시작했습니다.

차선을 맞춰 주차하는 것은 꼭 해야 할 일이었습니다. 또 교회에서 늘 피어 있는 꽃을 보호하기 위해 전진 주차하고 후진 주차하지 말라고 광고하고 있었습니다. 하나님께서는 나를 사랑하셔서 이름도 모른 젊은 여 집사를 통해 내 귀를 여시고 인치듯이 교훈해 주신 것입니다.

아우구스티누스의 참회록에 훌륭한 그의 어머니가 술을 마시는 습관을 갖게 되었다는 기록이 있습니다. 그의 어머니 모니카는 부모님의 술 심부름을 하면서 술을 병에 따르기 전에 한 모금씩 마셨는데 어느새 몸에 배어 술 한 컵 정도는 거뜬히 마시게 되었다고 합니다. 그런데 어느 날 하인이 어머니에게 '모주망태'라고 호되게 욕을 했다고 합니다. 그 뒤로 모니카는 술을 한 모금도 입에 대지 않았다고 합니다.

하나님께서 교훈하시는 방법은 여러 가지입니다. 그러나 듣고 순종하는 사람이 하나님의 자녀가 된다고 생각할 때 나는 분 내지 않고 그 순간을 참아낸 것을 감사했습니다. 지금도 저는 후진해서 차를 세울 때는 뒤쪽을 살핍니다. (2003.09.16.)

성령은 모든 것을 가르쳐 주시는가

성령을 소멸하지 말며

-살전 5:19-

우리는 말씀 묵상을 통해 예수님을 알게 됩니다. 뜨거운 격정적인 감정으로 아는 것이 아니라 죄 없으신 하나님의 아들, 예수님이 죄인의 몸으로 이 세상의 역사에 들어오셔서 우리를 대신하여 십자가에 돌아가셨다는 사실을 믿고 그를 알게 됩니다. 이 설명할 수 없는 길이요 진리요 생명이신 예수를 묵상하면 할수록 그를 사랑하게 되고 그의 말을 믿고 순종하게 됩니다. 이제는 구애 단계에 이르고 그가 없이는 살 수 없게 됩니다. 드디어 그와 혼인을 하고 한 몸이 되고 싶어 견딜 수 없게 됩니다. 그러자 그분은 성령을 우리에게 주셔서 우리와 함께 살게 하셨습니다. 성령은 우리 가운데 거하시며(고전 3:16), 우리를 진리 가운데로 인도하시며(요 16:13), 우리에게 모든 것을 가르치시고 주님이 분부한 말씀을 생각나게 하십니다(요 14:26).

처음 성령을 받은 이 뜨거운 감격은 오래가지 않습니다. 성령은 불같은 것이어서 기름을 계속 공급하지 않으면 꺼져갑니다. 말씀을 묵상하지 않거나, 기도를 게을리하거나, 담대히 그리스도를 전하는 일을 중단하면 성령은 소멸합니다.

저는 성령이 충만한 가운데 늘 기쁜 삶을 사시는 그런 목사님을 압니다. 그분은 김진홍 목사입니다. 어떤 역경에도 크게 불안해하지 않으십니다. 한 번은 이런 일이 있었습니다. 사랑의교회가 수요일 저녁 7시 반에 장로장립식을 했는데 김 목사님이 설교를 맡아 가는 중이었습니다. 그러나 그날따라 차가 얼마나 막혔는지 거의 주차장처럼 차가 서 있어서 시간에 맞춰 가기는 어려운 실정이었습니다. 그날은 수능 고사가 끝난 날이었습니다. 학부모와 자녀들이, 또 학생들끼리 모두 시내에 나온 모양이었습니다. 목사님은 하늘로 날아오를 수도 없고 너무 조마조마하여 기도했습니다. 어찌할바를 몰라 간절히 기도한 뒤 차창으로 옆을 보니 오토바이를 타고 지나는 한 젊은이가 보였습니다.

"보소, 젊은이"

하고 급하게 젊은이를 세우고 자기의 급한 상황을 설명했습니다. 그랬더니 그 젊은이는 자기가 교회까지의 길을 잘 안다면서 쾌히 목사님을 뒷자리에 태우고 교회에 가기 시작했습니다. 차 사이를 이리저리 꿰고 또 골목길을 잘 찾아서 7시 40분에 교회에 갔습니다.

어떻게 이런 일이! 오토바이가 지난 것이 우연이었을까? 보고 급하게 정지시킨 용기는 어디서 온 것일까? 그 젊은이가 친절하고 길을 잘 아는 사람이 아니었다면 어떻게 되었을까?

나는 그분의 몸인, 성령의 전에는 성령의 불이 늘 타고 있어서 매일 생활이 기뻤으며 정말 성령이 그를 가르치고 모든 것을 생각나게 하셨다고 실감 나게 믿게 되었습니다. (2003.11.25.)

03

무엇이든지 원하는 대로 구하라

> 너희가 내 안에 거하고 내 말이 너희 안에 거하면 무엇이든지 원하
> 는 대로 구하라 그리하면 이루리라.
>
> -요 15:7-

원하는 대로 구하면 이루어진다는 예수님의 말씀은 참으로 신
나는 말입니다. 알라딘의 램프를 가진 것처럼 램프 거인을 불러 무
엇이든지 원하는 대로 구하면 된다는, 그런 말 같습니다. 그러나
잘 살펴보면 '너희가 내 안에 거하고, 내 말이 너희 안에 거하면'이
라는 조건이 있습니다. 이것은 '포도나무 가지인 내가 참 포도나무
인 하나님에게 붙어 있으면'이라는 말과 같은 뜻입니다. 주님과 내
가 하나가 되는 이상적인 경지를 말합니다. 이런 이상적인 상황에
서 내가 주께 더 구할 게 있을까요? 나는 주의 충만함으로 충만합
니다. 구할 것이 없습니다. 그러나 우리는 구하고, 찾고, 두드립니
다. 바울도 육체의 가시가 그에게서 떠나기를 계속 간구하였으나
주께서는 '내 은혜가 네게 족하다'고 말씀하셨습니다(고후 12:9). 즉
바울의 생각은 육체의 가시가 없으면 더 효과적으로 주의 일을 할
수 있다고 생각했지만, 주의 생각은 이와 달랐습니다. 따라서 기도

제1부. 야곱의 사닥다리는 하늘에 닿았는가   025

를 들어주는 대신 가시가 있고 약한대서 하나님의 영광을 더 드러낼 수 있다는 것을 바울에게 깨닫게 해주었습니다. 우리가 하나님의 뜻에 합한 것을 구하면 이루어 주십니다(롬 8:27). 그러나 우리가 자기 정욕을 위해 구하면 들어주는 대신 더 큰 하나님의 그림을 깨닫게 해주십니다. 근본적인 것은 내가 주 안에 있고 주의 말씀이 나와 함께 있는 일입니다. 이때 구하고, 찾고, 두드리면 그때마다 우리는 더 구체적인 주의 뜻을 깨닫고 내 믿음이 견고해진다고 믿습니다.

우리는 남을 위해서 더 많이 기도합니다. 고난 겪은 자(약 5:13), 병든 자(약 5:14), 높은 지위를 포함한 모든 자(딤전 2:1), 특히 선교사(골 4:3)들을 위해 기도합니다. 그러나 고난을 피하게 해주십시오, 병을 이기게 해주십시오, 선교사에게 재정적인 어려움이 없게 해주십시오 하고 기도하는 것은 이차적이며 근원적으로는 그들이 그리스도 안에 있으며 그리스도의 말씀이 그와 늘 함께 있기를 기도하는 일입니다. 성 아우구스티누스의 어머니 모니카는 아우구스티누스가 타락된 길을 걷지 않을 것과 속세의 학문의 고장인 로마로 떠나는 것을 막기 위해 많은 기도를 했지만, 그 기도는 응답받지 않았습니다. 그러나 마니교에 심취했던 아우구스티누스는 로마에 건너감으로 암브로시우스의 영향을 받아 위대한 기독교의 성인이 되었습니다. 하나님의 큰 그림으로 볼 때 모니카의 기도는 응답받았으며 많은 역경을 통해 성 아우구스티누스는 하나님의 큰 섭리를 깨닫는 경지에 이르게 된 것입니다. (2004.02.24.)

04

왜 구하지 아니하는가?

> 너희는 욕심을 내어도 얻지 못하여 살인하며 시기하여도 능히 취하지 못하므로 다투고 싸우는도다 너희가 얻지 못함은 구하지 아니하기 때문이요/구하여도 받지 못함은 정욕으로 쓰려고 잘못 구하기 때문이라
>
> -약 4:2~3-

눈에 보이게 다투고 싸우는 것이나 마음속에서 갈등하고 싸우는 것의 원인은, 얻지 못하고 취하지 못하기 때문입니다. 전셋집에 사는 사람은 보잘것없는 것이라 할지라도 자기 집을 갖고 싶어 합니다. 자기 집을 가지면 작은 임대 아파트라도 갖고 싶어 합니다. 임대 아파트를 가지면 더 호화스러운 아파트를 갖고 싶어 합니다. 결국, 그는 가졌는데 안 가진 것입니다. 욕심이 채워지지 않은 것입니다. 이것이 자연스러운 인간입니다. 실직 상태에 있을 때는 어떤 직장이라도 좋다고 생각합니다. 그러나 직장을 갖고 나면 더 높은 자리를 위해 시기하고 욕심내고 싸웁니다. 제 아내는 매월 한 번씩 동창회 모임에 나가 점심을 먹고 옵니다. 이제는 자녀들도 곁에 없고 무료해서 모임은 좋다고 생각합니다. 입고 나갈 옷이 없다고

가끔 옷을 사기도 합니다. 그런데 어느 날 이제는 동창회에 안 나가겠다고 합니다. 친구들이 백만 원대가 훨씬 넘는 옷을 입고 다녀서 자기는 격에 맞지 않아 싫다는 이야기였습니다. 아마 얻지 못한 것 때문에 내적인 갈등을 겪고 있는 것 같았습니다.

초대 교회 때에도 이런 다툼과 싸움이 계속 있었던 것 같습니다. 육신의 정욕, 안목의 정욕, 이생의 자랑 등이 채워지지 않아 생기는 싸움이었을 것입니다. 인간은 자기를 남과 비교합니다. 낮으면 보다 높아지려 하고, 없으면 가지려 하고, 뒤지면 앞서려 합니다. 이것들이 이루어지지 않으면 다투고 싸우고 살인까지 합니다. 그러나 살인했다고 자기가 원하는 것을 다 얻은 것이 아닙니다. 야고보는 너희 중에 왜 이런 싸움이 있느냐고 꾸중합니다. 얻지 못하고 취하지 못하면 하나님께 구하지 않고 왜 싸우느냐고 말합니다. 끝없이 목마른 인간의 갈증을 해갈해줄 분은 하나님밖에는 없습니다. 영원히 목마르지 않을 생수를 줄 분도 하나님뿐입니다. 왜 구하지 아니합니까?

내 안에서 해결하려 하지 말고 위에서부터 오는 지혜를 구하라고 합니다. 과연 하나님께 구하면 이런 문제를 어떻게 해결해 주실까요? 하나님께서는 먼저 나를 변화시켜 거듭나게 하시고 거듭난 눈으로, 새로운 가치관으로 세상을 보게 합니다. 우리에게 큰 은혜를 주셔서 높고 낮은 것이, 앞서고 뒤지는 것이, 있고 없는 것이 하나님 앞에 큰 뜻이 없음을 알게 합니다. 내 개인의 정욕으로 쓰려고 잘못 구하지 않게 합니다. (2004.07.27.)

05

무엇이 피할 길인가?

사람이 감당할 시험 밖에는 너희가 당한 것이 없나니 오직 하나님은 미쁘사 너희가 감당하지 못할 시험 당함을 허락하지 아니하시고 시험 당할 즈음에 또한 피할 길을 내사 너희로 능히 감당하게 하시느니라

-고전 10:13-

국내에서 부도를 맞거나 정치적인 위기에 처하면 흔히 외국으로 국면이 수습되기까지 피해 있는 경우를 많이 봅니다. 종교인 중에도 그런 사람이 있고 또 그럴 때는 친구의 덕을 보고, 하나님의 은혜로 피할 길을 주어 국면을 잘 수습할 수 있었다고 말합니다. 그러나 그것이 시험을 당할 때 하나님이 피할 길을 내주는 그런 것일까요? 일제 치하에서는 그들의 위협과 총칼을 피하는 것을, 그리고 6·25 때는 미국에 이민 간 것을 피할 길이라고 생각하면 큰 잘못입니다. 바울은 고린도 교인들이 우상의 제물에서 자유로워야 하는데 아직도 율법의 굴레 때문에 갈등하고 있는 성도들에게 이 시험을 이기라고 권하고 있습니다. 그는 먼저 우리가 당하는 시험은 보통 사람이면 누구나 당하는 시험이라고 말합니다. 그들이 시

험을 이길 수 있다면 우리는 왜 이길 수 없느냐고 묻는 말입니다. 다음으로 하나님을 믿는 자는 그분이 미쁘시므로 우리가 시험에 대응할 힘을 얼마나 가졌는지 잘 알아서 시험을 주며, 시험에 굴복하지 않고 이길 수 있는 피할 길을 주신다고 말합니다.

1961년부터 1984년까지 한국의 교육선교사로 와 있던 계의돈 (Robert L. Goette) 박사가 계십니다. 그는 플로리다 주립대학에서 박사학위를 마치고 뒤퐁 회사에서 6년 반을 근무했습니다. 그는 좋은 대우를 받았고 집에 전용 비행기까지 가지고 여가생활을 즐기고 있었습니다. 그가 외국 선교에 뜻을 두고 군부 독재가 시작된 한국에 선교사로 가겠다고 직장에 사직서를 제출했을 때 회사 측이나 친구들은 극구 말렸습니다. 그는 이것이 큰 유혹이라 생각하고 유혹을 이기게 해달라고 기도했습니다. "내가 너의 갈 길을 가르쳐 보이고 너를 주목하여 훈계하리로다(시 32:8)"이때 그는 이 말씀을 오래 묵상했다고 합니다. 그는 PSCE(기독교 교육을 위한 장로교학교) 과정을 마치고 한국의 한남대학에 교육선교사로 왔습니다.

하나님께서 그에게 주신 피할 길은 어떤 것이었습니까?

선교사로 떠나게 한 것이었습니다. 어려운 길을 택하게 한 것이 유혹에 굴복하지 않고 피하게 하는 길이었습니다. (2006.02.27.)

06

기도의 능력을 체험합시다

> 너희 중에 고난 당하는 자가 있느냐 그는 기도할 것이요 즐거워하
> 는 자가 있느냐 그는 찬송할지니라
>
> -약 5:13-

저는 미국에서 차를 빌려서 여행하는 동안 사고가 난 적이 있습니다. 토요일 오후였는데 점심을 먹고 주차권을 주고 나오면서 앞에 서 있는 방어용 쇠기둥을 잘 못 보고 치받은 것입니다. 그것 때문에 백미러가 망가져 덜렁거렸습니다. 그래서 문을 열고 한 손으로 그것을 잡고 운전하며 달릴 수밖에 없었습니다. 이제 즐거운 여행은 끝났다고 생각했습니다. 허둥지둥하며 주차권을 받던 사람에게 근처에 자동차 정비공장이 없느냐고 물었더니 주말에는 일하는 곳이 없고 어쩌면 주유소에 간단한 정비소가 있을지 모른다는 대답이었습니다. 겨우 정비소가 있는 주유소를 찾아갔더니 젊은 주인이 나와서 자기들은 이런 고장은 어쩔 수 없다고 대답했습니다. 그런데 이 딱한 사정을 보고 있던 정비소 할아버지가 좀 기다려 보라고 말하며 안에서 드라이버를 가지고 나오더니 백미러를

차에서 분리해 주었습니다. 그것만 해도 얼마나 큰 도움인지 몰랐습니다. 안도의 숨을 쉬며 이건 하나님께서 도우신 것이라고 말했더니 아내가 기도했느냐고 물었습니다. 아내는 야고보 사도가 고난당하는 자가 있으면 기도하라고 말한 걸 실천했던 것입니다. 이 고난은 초대교회의 힘든 고난뿐 아니라 현대의 우리에게는 사소한 어려움(trouble)에도 기도하라는 뜻입니다. 아내는 사고 난 순간부터 기도했다고 말했습니다. 결국, 정비소까지 차를 끌고 간 것은 인간의 노력이었지만 돕는 할아버지를 보내준 것은 우리를 도우시는 하나님께서 하신 일이었습니다.

미국의 한 교회의 기도 모임에서 갑자기 한 분이 일어나서 에콰도르에 가 있는 레이먼드 선교사를 위해 기도하자고 제안했다고 합니다. 그래서 모두 합심해서 그들 신혼부부를 위해 기도했습니다. 후에 안 일이지만 그들 부부는 그때 정글에서 병을 얻어 남편은 병원에 입원했는데 더는 가망이 없다고 선고를 받은 때였다고 합니다. 그런데 그 남편은 기적적으로 회복이 되었습니다. 신부는 상복이 없어 결혼 드레스를 염색해서 입을 생각까지 하고 있었는데 하나님의 능력으로 남편이 회복된 것입니다. 그 선교사는 40년을 더 살고 신학교 학장도 지냈다고 합니다. 기도에는 능력이 따르며 특히 합심 기도는 능력이 나타납니다. (2006.05.08.)

07

야곱의 사닥다리는 하늘에 닿았는가

> 꿈에 본즉 사닥다리가 땅 위에 서 있는데 그 꼭대기가 하늘에 닿
> 았고 또 본즉 하나님의 사자들이 그 위에서 오르락내리락하고
>
> -창 28:12-

무한히 이어진 닫힌 창고가 있는데 각 창고 끝에는 다음 창고로 들어가는 열쇠가 들어 있습니다. 무한히 이어진 창고의 맨 끝 창고 에는 큰 보물이 들어 있습니다. 이렇게 무한히 이어진 첫 번째 창 고에 들어간 사람이 계속 다음 창고를 열어가며 드디어는 이 보물 을 찾을 수 있을까요?

창고를 하나씩, 하나씩 열고 가서 2억 5천 번째 창고를 열었다고 가정합시다. 이 숫자는 만 원짜리 지폐를 늘어놓았을 때 지구를 한 바퀴 도는 그런 숫자입니다. 그 속에 보물은 없습니다. 2억 5천 1번째 창고가 있기 때문입니다. 과연 마지막 창고가 있기나 하는 것일까요? 고대 그리스 사람들은 무한을 두려워했습니다. 무한은 하나님께 속한 것이기 때문에 터부시하고 그런 것은 입에 올리지 도 않았습니다. 그래서 수학의 발전은 늦어졌습니다. 소련 출신이고 독일에서 자란 칸토어(1845~1918)는 '완결된 무한'이라는 것을 주장했습니다. 즉 무한을 한 큰 자루 속에 넣으려면 그다음 숫자가 자루 밖으로 빠져나와 넣을 수 없다는 생각을 뒤집고 그 무한을 완전히 자루 속에 넣을 수 있다는 것입니다. 유명한 수학자들도 이 우스꽝스러운 주장을 비웃었습니다. 그러나 후에 '다음 수를 그 속에 포함하고 있는 집합(successor set)'은 존재한다는 '무한 공리'를 받아들임으로써 '완결된 무한'이라는 개념을 인정하게 되었습니다. 수학은 이런 가정 위에 서 있는 학문입니다.

야곱의 사닥다리도 이와 같은 것입니다. "하늘나라까지 올라가 봤어?" 하고 묻는 사람이 있겠지만 야곱은 사닥다리의 맨 끝 천국에는 하나님이 종지부를 찍고 계신다고 믿고 있었습니다. 천국은 이성으로 가는 곳이 아니며 믿음으로 가는 곳입니다. 그래서 하나님은 다가가면 다음 방으로 숨어버리는 그런 분이 아니고 천국의 종점을 하나님이 좌정하고 계시는 곳으로 마음속에 하나님을 품은 것입니다. 그래서 천국에서 천사들이 지상까지 오르락내리락했고 하나님께서 오셔서 아브라함에게 언약하신 축복으로 그를 축복해 주시고 그를 아브라함의 상속자로 택해 주신 것입니다. 하나님이 계시는 천국은 오늘이나 내일, 즉 시간이 없는 곳이며 하나님의 말씀을 어기고 죄인으로 지상에 쫓겨난 인간의 이성을 초월한 곳입니다. 오직 그리스도의 구속으로 거듭난 사람만 갈 수 있는 곳을 야곱은 그 사닥다리로 천사들이 오르락내리락하는 것을 보았습니다.

야곱은 잠이 깨어 그 땅을 '벧엘(하나님의 집)'이라고 부르고 돌을 취하여 하나님께 몇 가지 서원을 드렸습니다. 이후로 야곱이 잠을 잤던 황무지는 '벧엘'이 되고 그 땅은 그가 방랑 생활을 마치고 귀향해서 하나님을 다시 만나 축복을 받은 곳이 되었습니다. 또 그는 집을 떠나기 전에도 이삭이 불러 축복하고 시키는 대로 외삼촌 라반의 집으로 가고 있었기 때문에 축복의 통로가 열린 것입니다. 그러나 하나님께서 그를 찾아 족장으로 택해 주신 것은 온전한 은혜였습니다. (2006.06.05.)

08

나는 누구인가

> 또 너희가 어찌 의복을 위하여 염려하느냐 들의 백합화가 어떻게
> 자라는가 생각하여 보라 수고도 아니하고 길쌈도 아니하느니라
>
> -마 6:28-

우리가 남들 앞에서 자신을 소개할 때는 으레 어디서 태어났으며 무엇을 하는 사람인가를 말합니다. 하나님께서는 우리가 어디서 태어나고 무엇을 하는가 하는 것이 중요하지 않지만, 인간은 그러지 않은 것 같습니다.

제가 장로로 시무하던 댈러스 한인 교회에 가면 그곳 교회 교인들은 내 아들을 어려서 크고 있던 내 아들로 보며 있는 그대로의 그의 모습을 보지를 않습니다. 또 내가 플로리다의 게인스빌에 있는 둘째 아들 집에 가면 그곳 교인들은 저를 그 아들의 아버지로 보고, 저 자신의 있는 그대로의 모습은 보지 않습니다. 즉 인간의 정체성(identity)이 없어지고 상대적인 모습으로 인식하는 것입니다. 하나님은 있는 그대로의 저를 보시는데 그들은 안경을 끼고 저를 보게 됩니다. 제가 나쁜 인상을 남겼다면 아들은 불이익을 당하게 됩니다. 게인스빌에 가게 되면 저는 신앙이 안 좋은 아버지일지라도 존경을 받게 됩니다. 그런 때는 죄인이었을 때 있는 그대로 받아주신 주님처럼 제 허물을 인정하면서 그냥 받아주는 교우들이었으면 좋겠다는 생각을 합니다.

인간 개인의 편견이 아니고 하나님이 쓰시려는 청지기로 있는 그대로의 자신을 인정해 주면 얼마나 좋을까요?

댈러스에 있는 한인 교회에 언어학 박사학위를 받고 프린스턴에서 기독교 교육학 석사를 마치신 분이 10여 년 동안 전도사로서 교회에서 '은혜학교'라는 것을 맡고 계십니다. 일종의 탁아소로 15개월부터 5살까지의 코흘리개들을 보살피고 또 오후에는 학교가 끝난 초등학생들을 맡아 수학이나 영어 과외지도를 합니다. 혹 부모들의 영어가 시원치 않으면 학교로 불려 가서 맡아 있는 학생의 상담 상대를 해야 합니다. 점심 식사 준비를 위해 쿠폰을 잘라 모아 세일 기간을 택해 직접 시장에 가서 좋은 채소나 통조림을 싸게 사 옵니다. 이렇게 알뜰하게 살림을 해서 10여 년 동안에 2억을 모았습니다. 이제 은퇴하기 전, 이 돈으로 교회 마당에 어린이들의 놀이 공원을 만든다고 합니다. 이 학교는 교회의 보조 없이 자체 채산으로 운영된 학교였습니다. 그런데 학부모들은 어린애들 잘 먹이라고 했지 그 돈을 누가 아끼라고 했느냐고 말합니다.

정식 전도사로 제대로 사역도 안 하고 그 고생을 왜 사서 하느냐고 해도 막무가내로 일해 왔습니다. 미국에서는 정년이 없지만, 교회법대로 떠나기로 한 모양입니다. 목사고시를 보고 목사가 되었으면 더 큰일을 할 수 있었을 것이라고 그의 삶을 안타까워하기도 했습니다.

저는 마태복음 6장 28절을 읽게 되었습니다. 하나님은 백합화를 있는 그대로 사랑하고 기르십니다. 주님의 청지기로 사는 그를 그대로를 보지 않고 세상에서 존경받고 살지 않는다고 안타까워하는 건 하나님께서 들에 핀 장미 꽃을 사랑하는 하나님의 마음을 모르기 때문이 아닐까요? (2006.06.12.)

09

천국의 여행계획

> 아버지여 내게 주신 자도 나 있는 곳에 나와 함께 있어 아버지께서
> 창세 전부터 나를 사랑하시므로 내게 주신 나의 영광을 그들로 보게
> 하시기를 원하옵나이다
>
> -요 17:24-

저는 올해 결혼 50주년 기념에는 3년이 모자랐지만, 자녀들의 권고로 기념행사를 앞당겨 알래스카를 여행하고 왔습니다. 한반도의 16배가 넘는 땅에 인구는 64만밖에 살지 않으며 사람이 밟은 땅보다 태고 때부터 신이 주신 땅 그대로를 유지하고 있는 지상 최후의 개척지를 가 본 셈입니다.

평소 여행 전에 하던 버릇대로 인터넷을 뒤져서 알래스카를 살펴보기로 했습니다. 짧은 기간에 어디를 가고 무엇을 보느냐 하는 것은 여행에서 필수적인 요점 정리입니다. 도서관에서 비디오테이프, DVD, 알래스카의 역사책 등을 빌려서 보기 시작했습니다. 그러면서 미국이 남북전쟁 직후 앤드루 존슨(Andrew Johnson) 대통령 때 국무장관으로 있던 수어드(William H. Seward)가 단돈 720만

불(72억원)에 1867년 러시아에서 알래스카 땅을 산 것을 정확히 알게 되었습니다. 그때 그는 미 국민에게 얼음 상자(Seward's icebox)를 샀다고 놀림을 받았다고 합니다. 그러나 그곳은 처음부터 모피와 해산물이 풍성했을 뿐 아니라 연어는 미국 제1위의 생산량을 기록하고 있었습니다. 바로 뒤 1880년부터 금광이 발견되기 시작하고 1893년에는 지금의 페어뱅크스 지역의 유콘강 변에 최대 금 매장량을 찾았으며 구리와 철 같은 지하자원도 풍부한 것을 알게 되었습니다. 그뿐 아니라 1968년에는 북극해에 있는 프루도 만(Prudhoe Bay)에서 유전이 발견되고 오랫동안 송유관을 만들지 못하고 있다가 1972년 유류파동이 일어나자 바로 서둘러 1974년에 착공하여 1977년에 1,300km의 송유관을 완성한 것도 알게 되었습니다.

최근에는 관광 붐도 일어나 공기 좋고 땅 넓은 곳에 크루즈 여행, 빙하 관광, 골프 여행, 스키 여행, 북극 지역의 천연 노천 온천에서 오로라 관광 등이 붐을 이루고 있습니다. 이렇게 철저히 정보를 수집한 후 현지 여행사와 접촉을 하였습니다. 눈 없는 계절이 4개월도 되지 않은 곳을 승용차를 빌려 여행하기가 두려웠기 때문입니다.

결과는 환상적인 좋은 여행이었습니다. 그러나 여행을 마치고 한국에 돌아와 집안 문을 열고 들어서자 지금까지는 나그네 생활이었으며 이곳이 내 고향이고 내가 머물 집이라는 안도감을 느끼게 되었습니다. 아무리 좋은 경치를 보고 다닐지라도 짐을 들고 다니고 있는 동안은 떠돌이 삶이며 목적지에 가도 그곳이 종착역이라는 생각이 들지 않았습니다. 내 고향 내 집은 무엇과도 바꿀 수 없는 그렇게 편한 곳입니다. 그러면서 하늘나라에 가면 이런 안식의 느낌이 아닐까 하는 생각을 했습니다. 저는 그동안 많은 여행계획을 세웠지만, 하늘나라로 가는 여행계획은 한 번도 세워본 일이 없다는 것을 알았습니다. 천국에는 언제 가겠다고 정확한 날짜를 정할 수는 없습니다. 그러나 적어도 목요일에 갔으면 좋겠다고 소원할 수는 있습니다. 또 그런 시기에 불러 주시리라 믿습니다. 그곳은 하나님의 영광을 함께 누리는 곳입니다. (2006.07.03.)

10

바다 이야기

> 만일 네 손이나 네 발이 너를 범죄하게 하거든 찍어 내버리라 장애
> 인이나 다리 저는 자로 영생에 들어가는 것이 두 손과 두 발을 가지
> 고 영원한 불에 던져지는 것보다 나으니라
>
> -마 18:8-

하지 말아야 할 것을 하고 가지 말아야 할 곳을 가서 평생 후회
할 일을 하게 되면 눈물을 흘리고 회개하며 손이나 발을 찍어버리
고 싶다고 말하는 사람들의 고백을 듣게 됩니다. 그러나 정말 자기
손이나 발을 찍어 버릴 수가 있습니까? 성추행, 음주, 흡연, 도박,
마약 등에 중독이 되면 비록 자기 몸에 상처를 낸다고 할지라도 자
기 힘으로는 그 속에서 빠져나올 수가 없습니다. 그래서 이 사회에
는 도박 예방·치유센터, 금연운동본부, 마약퇴치운동본부 등 비영
리 단체들이 생겨 이들이 빠져나오도록 돕고 있습니다. 그들 상담
원은 한결같이 "자기는 중독자나 병적 환자가 아니라고 말하는 사
람은 치유할 수 없으며 자기가 환자인 것을 자인하고 헤어나기를
원하는 사람만 치유할 수 있다"라고 합니다. 중국은 1800년 초부

터 영국이 아편을 밀수출해 중국 온 국민이 아편 중독자가 되었습니다. 그들은 아편이 그렇게 무서운 줄 몰랐습니다. 그러나 백성들은 모두 중독자가 되어 나라에서 이를 근절하려고 해도 불가능했습니다. 아편 밀수를 강력히 단속하자 이해가 충돌된 영국과 전쟁이 일어났습니다. 그러나 이때는 군인들까지 아편으로 무력해져 1842년 청국은 전쟁에 패배하고 난징조약이라는 불평등 조약을 맺고 홍콩을 할양하는 수모를 당했습니다.

도박도 아편과 마찬가지입니다. 처음엔 오락으로 하는 것은 도박이 아니라고 말합니다. 그러나 안 가면 가고 싶고, 한번 빠져들면 빠져나올 수 없고, 돈이 없어 못 간다는 생각을 하면 미칠 것 같고, 잃은 돈만 찾으면 끝내겠다는 핑계를 대고, 노름빚 때문에 여기저기 거짓말을 하고 다니게 되면 이는 분명 도박 중독에 걸린 것입니다. 요즘 우리나라에서는 '바다 이야기' 등으로 사행성 오락기 문제 때문에 온 나라가 시끄럽습니다. 직장에 있는 사람이 근무시간만 끝나면 이곳으로 뛰어가고 심지어 농어촌 농민까지 이런 게임에 심취해서 많은 돈을 잃었을 뿐 아니라 살인, 자살 등 사회문제가 되어 이러다가는 이 나라가 도박 왕국이 되는 것이 아니냐고 걱정하게까지 되었습니다. 우리나라는 예로부터 농한기에 부농가에 머슴으로 있던 사람들이 사랑방에 모여 투전을 하게 되고 그것 때문에 일 년 새경을 다 날린 일이 흔히 있었습니다. 또 하와이 이민사에 의하면 1902년 12월 노동자들이 $100씩을 받고 20여 일을 배를 타고 하와이에 갔는데 호놀룰루에 도착하기까지 배 안에서 노름을 하여 그곳에 내릴 때는 손을 털고 내린 사람이 많았다고 합니다. 3년만 벌면 부자가 되어 올 수 있다는 말에 큰 꿈을 안고 떠난 사람들이 이게 무슨 짓입니까? 또 설탕 농장에 가서도 다수 청년 홀아비들이 몇십 명씩 판잣집에 합숙하면서 노름하기와 아편 빨기를 예사로 하여 술과 노름으로 싸움이 끊일 때가 없었다고 합니다.

이것을 근절하는 것은 바로 천만이나 되는 기독교인들의 몫입니다. 영원한 생명을 누리는 하늘나라로 인도할 책임은 우리의 몫입니다. (2006.08.28.)

11

어떻게 하는 것이 옳은 기도인가

> 너는 내게 부르짖으라 내가 네게 응답하겠고 네가 알지 못하는 크
> 고 은밀한 일을 네게 보이리라
>
> -렘 33:3-

2004년 9월 14일부터 18일까지 오산리 최자실 금식기도원에서는 세계기독군인대회가 열렸습니다. 십 년마다 한 번씩 열리는 모임인데 그해에는 이필섭(전 합참의장) 장로가 세계기독군인회(AMCF)에 10년 만기의 회장으로 초대되어 특별히 우리나라에 유치하게된 큰 대회였습니다. 세계 134개국에서 외국인만 618명이 참석하였습니다(내국인 포함 3,000여 명). 대회 기간에는 기독군인회 활성화 방안, 이슬람권 전도 방법론, 군 선교에서 여성의 역할 등 다양한 페이퍼 발표와 토론이 있었다고 합니다.

저는 그때 토론회 사회를 맡았던 한 한국 기독군인회의 임원으로부터 다소 이색적(?)인 이야기를 들었습니다. 그는 토론이 종반에 이르자 다 같이 통성기도를 하자고 한 한국 군인은 제안했고 자기는 한국 방언으로 기도를 하겠다고 말했다 합니다. 이때 반주

자가 조용히 피아노를 치려고 한 소절쯤 진행했는데 한 회원이 손을 내저으며 피아노 연주를 중지하도록 사회자에게 건의했습니다. 사회자는 그의 의견을 즉시 받아들여 연주 없이 조용한 가운데 마무리 기도를 마치고 회의를 끝내려 하는데 다시 회중에서 약간 의외라는 표정을 지으며 자리를 뜨지 않고 더 머물러 있다가 산회했답니다. 회의 후 사회자는 회의를 마치고 외국의 국제기독교 모임에 경험이 많은 몇몇 한국 분에게 그 연유를 물어보았더니 기도를 했으면 얼마 동안은 응답을 기다리는 관행 때문이었을 거라는 말을 들었다 합니다.

이것은 의외였습니다. 한국에서는 보통 큰 집회가 끝나면 큰소리로 통성기도를 하는데 이 모임은 너무 대조적이었기 때문입니다. 한국에서는 통성기도가 끝나면 웅성거리며 헤어져 가는데 기도 끝에 응답을 기다리는 조용한 시간을 갖는다는 게 충격적이었습니다. 한국의 통성기도는 참회하는 기도라기보다는 자기의 답답하고 막막한 심정을 소리 높이 외치고 카타르시스를 느끼는 그런 기도 같은 생각을 하게 되기도 합니다. 우리 인간은 아들 둘이 동시에 요구사항을 말해도 알아듣기가 힘듭니다. 그러나 하나님께서는 수백 명이 동시에 소리 높이 외쳐도 각 사람의 호소를 따로따로 알아들으신다니 이것도 놀라운 일입니다.

이 기회에 외국인들의 기도 모임에서 기도가 끝난 뒤 얼마 동안 응답을 기다리는 문제에 대해서 생각해 봅니다. 즉시 응답을 받을 수도 있고 하나님이 응답을 미루실 수도 있고 또 응답하지 않을 수도 있는데 기도가 끝날 때마다 바로 응답을 기다리는 건 억지 같은 생각이 들기도 합니다. 또 마치는 기도 후 회중이 울면서 통성기도하고 기도가 끝나면 언제 울었냐는 듯 하나님의 기도 응답에는 상관없이 눈물을 뚝 그치고 웃으며 잡담하며 떠나는 관습도 한 번쯤 돌아볼 일이라고 생각합니다. (2006.10.01.)

12

붕어빵이 되고 싶습니다

> 그 너비와 길이와 높이와 깊이가 어떠함을 깨달아 하나님의 모든
> 충만하신 것으로 너희에게 충만하게 하시기를 구하노라
>
> -엡 3:19-

어린애가 아버지와 똑같이 생겼으면 우리는 붕어빵 같다고 말합니다. 어린애가 귀여울 때 그런 말을 잘합니다. 그런데 그 애가 하는 말이 아버지의 말씨와 똑같으면 더욱 신기합니다. 그뿐 아니라 그 애의 걷는 모습이나 하는 행동도 아버지와 똑같으면 말할 것도 없이 그는 붕어빵입니다. 어떻게 그렇게 같을 수가 있습니까? 애가 아버지를 졸졸 따라다니며 말하는 것이나 걷는 것을 흉내 내기 때문입니다. 그 애를 보면 바로 아버지를 보는 것과 똑같습니다. 이 어린애가 어떻게 말을 배우게 되었을까요? 아버지가 하는 말을 그대로 따라 함으로 말을 배운 것입니다.

우리는 어릴 때 육신의 아버지를 따라다니듯 지금 주를 따르며 사랑하고 있는 것일까요? 우리가 주를 졸졸 따라다녔다면 주님의 어떤 말씀을 들었을까요? 그 말씀은 성경에 기록되어 있습니다. 우리가 주와 함께 살았다면 주님의 말을 흉내 내어 말을 배웠을 것입니다. 성경에 써진 말과 세속적인 말은 어떻게 다릅니까? 성경에는 주님의 속성을 계시하는 내용으로 충만해 있습니다. 따라서 성경을 열심히 읽고 묵상하며 주와 함께 살고 있다면 우리는 주를 닮아가고 주와 붕어빵이 되는 것입니다. 생각할 때 주님처럼 생각하고, 기도할 때 성경에 있는 약속의 말씀을 따라 기도하고, 행할 때 주님처럼 행하는 것입니다.

기도할 때 성경에 있는 말씀을 흉내 내어 말을 배우는 어린애처럼 기도합니다. 저는 가정예배 때 끝에는 주기도문을 합니다. 그러나 자녀들을 위해 기도할 때는 해마다 성경에 있는 기도문을 정하고 일 년 동안은 야베스의 기도를, 다음 해에는 에베소서 3:16~19, 그다음 해에는 민수기 6:24~26,…… 이렇게 돌려가면서 자녀를 위한 기도 끝에 성경의 말씀을 따라 합니다. 말씀을 따라 기도하면 마치 자기가 붕어빵이 되어 가는 것처럼 흐뭇합니다. 이렇게 습관이 들다 보니 성경에서 쓰는 언어와 전혀 상관없는 문체로 기도하는 음성을 들으면 신선하다는 생각은 하면서도 가끔 붕어빵과는 같지 않다는 생각이 들 때도 있습니다.

이것은 어림없는 생각이지만 제가 예수님과 붕어빵 같다는 말을 한 번이라도 듣게 된다면 얼마나 행복할까 하고 생각합니다. 나를 다 비우고 주님의 광대하심과 권능과 영광과 이김과 위엄이 제 마음을 충만하게 채우기를 간절히 원합니다. 또한 내 마음을 충만하게 채운 소망과 기쁨이 말과 행위로 나타나기를 원합니다. 그러나 육신으로는 늘 죄의 법을 섬기고 있으니 이런 글을 쓰고 있는 내가 위선자라는 생각을 하며 기도할 따름입니다. (2006. 10. 16.)

13

새벽송

> 우리가 선을 행하되 낙심하지 말지니 포기하지 아니하면 때가 이
> 르매 거두리라
>
> -갈 6:9-

1950년대에는 지금처럼 교회가 많지 않아서 새벽에 교회에서 종
소리가 울려도 공해라고 생각하는 사람은 없었고 오히려 그 종소
리에 위로를 받고 새 삶을 시작한 사람도 많았습니다. 또 성탄 축
하 새벽송이라는 것을 했는데 고요한 밤공기를 울리는 찬송 소리
가 그렇게 거룩하게 들릴 수가 없었습니다.

저는 1954년 12월 25일 교회도 안 나가는 사람이었기 때문에 늘
어지게 잠을 자고 일어났습니다. 그런데 기분이 너무 좋았습니다.
꿈에 황홀한 찬양 소리와 함께 제가 천사의 손에 안겨서 하늘로
떠오르는 것 같은 느낌이 들었기 때문입니다. 일어나자 자취하고
있던 저는 쌀을 씻으려고 물을 길으러 나갔는데 우물가의 주인아
주머니가 이상한 소리를 했습니다. 어느 여학생들이 이른 새벽에
오래도록 찬송을 부르고 돌아갔다는 것이었습니다. 분명 나를 전
도하던 동창생 여학생이 자기 교회학교 학생들을 데리고 온 것이
분명했습니다. 후에 물었더니 '고요한 밤'을 3절까지 불렀는데 아무

기척이 없자 학생들이 누구 집인데 그렇게 찬송을 해야 하느냐고 물었다고 했습니다. 저는 그때 '새벽송'을 나오면 불을 켜고 밖으로 나와 같이 찬송을 부르다가 끝나면 손뼉을 치고 맛있는 간식거리를 손에 들려 보낸다는 것도 모르고 있을 때였습니다.

까맣게 잊어버렸던 일이 52년 만에 생각이 났습니다. 우리 교회가 이번 크리스마스이브에는 '새벽송'을 나가자고 했기 때문입니다. 그때는 가로등도 없는 황톳길을 걸어서 종이 등을 만들어 들거나 손전등을 비추며 찾아다녔는데 지금은 네온사인이 휘황한 도시 길을 종이컵에 촛불을 밝혀 예수님이 사라진 크리스마스 거리를 상징적인 '새벽송' 행진을 하자는 것입니다. 저는 그때 저를 열심히 전도하던 여학생을 생각합니다. 비록 당시는 아무 열매가 없었을지라도 "우리가 선을 행하되 낙심하지 말지니 피곤하지 아니하면 때가 이르매 거두리라(갈 6:9)"는 말씀이 이루어졌다고 꼭 그 여학생에게 전하고 싶습니다. 그러나 그녀는 결혼해서 미국으로 떠난 지 오래되었다는 말밖에 들은 것이 없습니다. "내가 복음을 전할지라도 자랑할 것이 없음은 내가 부득불 할 일임이라 만일 복음을 전하지 아니하면 내게 화가 있을 것이로라(고전 9:16)" 이 말씀으로 그녀는 분명 위로를 받고 있을 것입니다.

그때는 예수를 믿으면 제가 꿈을 꾼 것처럼 그런 화려한 축복만 있는 줄 알았습니다. "그리스도를 위하여 너희에게 은혜를 주신 것은 다만 그를 믿을 뿐 아니라 또한 그를 위하여 고난도 받게 하심이라(빌 1:29)"라는 말씀이 성경에 있는 것을 안 것은 훨씬 뒤의 일이었습니다. (2006.12.11.)

14

겉사람과 속사람

> 그러므로 우리가 낙심하지 아니하노니 우리의 겉사람은 낡아지나 우리의 속사람은 날로 새로워지도다
>
> -고후 4:16-

저는 1995년형 대우 프린스를 지금 10년 이상 타고 있는데 아직 10만 km도 타지 않아서 운전하고 다니는 데 별문제가 없습니다. 그런데 속을 들여다보면 신품으로 출고된 때와는 전혀 다른 차를 타고 다닙니다. 사고가 한 번 있어 앞 보닛과 차체도 중고품으로 다 갈아 끼었고, 경주용 오토바이 소리가 나서 머플러도 바꾸었으며 한때는 차가 후진만 되고 전진이 안 되어 타이밍벨트를 갈았습니다. 또 끈끈한 물이 운전석으로 새어 나와 알아보니 라디에이터가 구멍이 생겨 냉각수가 새고 있어 그것도 바꾸었습니다. 물론 워터 펌프, 타이어, 배터리, 팬벨트, 점화 배선, 점화 배전기 캡 등도 다 갈았지요. 전에는 트렁크 문이 자동으로 열리지 않아 그 부분의 모터도 갈았습니다. 지금은 히터가 잘 나오지 않아 그 부분의 전기 부품을 찾게 되면 다 바꿀 생각입니다. 아직 트랜스미션이나

엔진은 바꾸지 않았습니다.

"이제 차 바꿀 때가 되지 않았습니까?"

그렇게 말하는 사람이 있지만, 아직 바꿀 생각이 없습니다. 기계란 오래되면 자연 낡아지기 마련입니다. 그리고 기계는 생명이 없어서 버리면 그만입니다. 그러나 10년 이상을 같이 살고 있으면 그렇게 쉽게 버려지지 않습니다. 어느 날 길에서 갑자기 서버리면 레커차가 끌고 가겠지요. 그러나 그 모양을 보고 있으면 내 분신을 장지로 보내는 것처럼 서글플 것 같습니다.

우리의 육신도 오래되면 점차 기능이 약해지지만, 기계와는 또 느낌이 다릅니다. 나이가 들어가면 장기에도 고장이 생겨 담낭을 제거합니다. 혈압이 높아져 심근경색으로 관상동맥 확장 수술로 망을 집어넣습니다. 다리가 부러져 쇠도 집어넣고 갑상선 유두암으로 갑상선도 절제합니다. 70년 넘게 살고 있으면 육체도 중고차처럼 된 것이지요. 이제 쓸 만큼 썼으니 버려야 할까요? 그 육체 속에 영혼이 70년 이상 함께 살아왔습니다.

바울은 "우리의 겉사람은 낡아지나 속사람은 날로 새로워진다"라고 말했습니다. 때가 되면 장막 같은 겉사람을 떠나 예수님을 다시 살리신 하나님 앞에 가서 하나님의 영광을 찬양하게 될 것입니다. 그러나 바울은 주님의 말씀을 전하기 위해 돌을 맞고, 매를 맞고, 옥에 갇히고, 몸에 예수 그리스도의 흔적을 가졌습니다. 그의 육신은 함께 살아온 영혼이 하나님을 고대하며 날로 새로워지도록 훌륭한 기여를 한 것입니다.

그러지 못한 육신을 가진 우리도 속사람이 부활을 소망하며 날로 새로워진다고 감히 말할 수 있을지 모르겠습니다. 그러나 행위로 말미암지 않고 은혜로 우리를 구원해 주시는 하나님께 감사할 따름입니다. (2007.02.15.)

15

효경보다 나은 성경

> 네 부모를 공경하라 그리하면 네 하나님 여호와가 네게 준 땅에서
> 네 생명이 길리라
>
> -출 20:12-

얼마 전 서울에서는 83세의 노모를 길에 버린 53세, 50세의 자매가 존속유기 혐의로 불구속 입건되었습니다. 서로 모시지 않겠다고 싸우다가 상대방에서 모셔 가겠지 하고 길에 두고 가버렸는데 아무도 모셔가지 않아 결국 노모는 노숙하는 신세가 된 것입니다. 노모는 자기가 너무 오래 산 것이 죄이며 자녀들에게는 죄가 없다고 자녀들을 용서해 달라고 호소했다고 합니다.

부모가 자녀를 사랑하는 것은 본능이며 자연의 이치입니다. 그러나 자녀가 부모에게 효도하는 것은 본능이 아니므로 배워야 한다고 합니다. 유명한 역사학자 토인비는 한국이 전 세계에 크게 공헌할 수 있는 아름다운 전통이 딱 하나 있는데 그것은 '효도'라고 했다는데 정말인지 알아볼 도리가 없지만, 작금의 현실로 보아서 우리나라에 '효도'가 있는지 의심스럽습니다. 유산을 남겨 준 것도 아닌데 왜 자기가 부모 봉양을 해야 하는가? 부모가 공경할 만한 삶을 살지도 않았는데 그래도 공경해야 하는가? 사랑은 내리사랑이라는데 부모 사랑을 받고 산 자녀들은 그 사랑을 자기 자녀들에게 돌려주면 그것으로 아들의 도리는 다한 것이 아닌가?

이처럼 생각하는 사람이 많은데 성경에서는 효도를 어떻게 가르치고 있습니까?

"자기 아버지나 어머니를 치는 자는 반드시 죽이라(출 21:15), 완악하고 패역한 아들이 있어 부모가 꾸짖어도 듣지 않으면 그 성읍 장로들에게 말하면 그 성읍 사람들이 그를 돌로 쳐 죽이라(신 21:18~21)"

'네 부모를 공경하라'라는 계명을 준 뒤 이렇게 불순종한 사람을 엄하게 다스리라고 말하고 있습니다. 하나님께서는 이스라엘 백성들이 얼마나 패역하며 하나님을 배반하고 살고 있는지를 잘 알고 있습니다. 숱한 계명으로도 그들을 구원하지 못하였습니다. 예수님을 보내신 뒤 그를 믿는 자들은 율법 없이도 은혜로 구원을 얻었습니다. 우리 믿는 자들은 효경(孝經)을 읽지 않아도 주의 은혜로 스스로 효심이 우러날 수 있습니다.

지난 2000년 8월, 제1회 남북 이산가족 상봉 때 나는 이북에 있는 동생과 만났습니다. 50년 가까이 오고 싶어도 오지 못하고 어머니를 그리며 쓴 동생의 시인데 어머니는 늙지 말고 계시라, 자기가 어머니 몫만큼 한 해에 두 살씩 먹겠다는 것이었는데 막상 상봉 때 어머니는 가신 지 5년이 된 때였습니다. 저는 어머니를 그리

위하는 아들의 효심을 읽으면서 하나님께서는 어버이와 자녀 관계를 하나님과 우리 관계처럼 설계하셨다고 생각했습니다. 예수와 함께 정말 동행하는 사람에겐 내 동생처럼 조건 없이, 핑계 없이 부모를 사랑하고 부모에게 효도할 마음을 주신다고 생각합니다. 하나님께서 인간을 창조하실 때 효도하는 마음도 심어 놓으셨기 때문입니다. 하나님을 떠나면 내 욕심과 이기심이 하나님의 섭리를 깨닫지 못하게 해서 불효자를 만들 뿐입니다. (2007.05.14.)

16

돈 없는 부자

> 만일 너희 회당에 금가락지를 끼고 아름다운 옷을 입은 사람이 들어오고 또 남루한 옷을 입은 가난한 사람이 들어올 때에/너희가 아름다운 옷을 입은 자를 눈여겨 보고 말하되 여기 좋은 자리에 앉으소서 하고 또 가난한 자에게 말하되 너는 거기 서 있든지 내 발등상 아래에 앉으라 하면/너희끼리 서로 차별하며 악한 생각으로 판단하는 자가 되는 것이 아니냐
>
> -약 2:2~4-

우리가 교회에서 안내를 맡았을 때 아름다운 옷을 입은 사람과 더러운 옷을 입은 가난한 사람이 새로 교회에 오게 되면 누구를 더 환영하는 마음이 생깁니까? 부자입니까? 가난한 사람입니까? 아름다운 옷을 입은 사람입니까? 더러운 옷을 입은 사람입니까?

아름다운 옷을 입은 사람은 부자일 수 있고, 높은 지위에 있는 사람일 수 있고, 특별히 하나님의 축복을 받은 사람일 수도 있습니다. 그런 사람이 교회에 많이 들어오면 여간 반갑지 않습니다. 교회에 재정적인 도움을 줄 수도 있고 또 자기 사업에 좋은 조언을 줄지도 모릅니다. 그러나 이런 판단은 구원받은 기독교인이 할 짓이 아닙니다. 사람의 귀하고 천함을, 또는 의롭고 의롭지 않음을 빈부의 기준으로 판단한다면 이것은 하나님의 판단이 아니고 인간의 '악한 생각'으로 판단하는 것이 되기 때문입니다(2:4). 누가 부자입니까? 다른 사람보다 더 특권을 가진 사람이 부자입니다. 많이 가진 자는 갖지 못한 사람보다 부자입니다. 건강한 사람은 병약한 사람보다 부자입니다. 힘이 센 사람은 약한 사람보다 부자입니다. 배운 사람은 못 배운 사람보다 부자입니다. 그래서 우리는 부자와 함께 교회에 다니면 자기 위상이 높아지는 것처럼 느낍니다. 우리 교회에 유명한 영화배우나 유명한 가수가 나온다면 환영 안 하시겠습니까? "좋은 자리에 앉으소서"까지는 하지 않더라도 기뻐 환영할 일입니다. 배우나, 가수 사이에 끼어서 우쭐해지고 싶습니다.

어떻게 하면 이런 유혹에서 벗어날 수 있을까요? 야고보 장로는 "하나님이 세상에 대하여 가난한 자를 택하사 믿음에 부요하게(약 2:5)" 하신다고 말하고 있습니다. 우리가 믿음의 눈을 크게 뜨고 보면 돈 없이 부자가 될 사람이 많이 있습니다. 이 부자는 돈 없는 사람을 멸시하지도 않고 압제하지도 않고 법정으로 끌고 가지도 않으며 값없이 영적인 양식을 베풀어 줄 잠재적 부자들입니다. 이렇게 눈을 뜨고 보면 내 주변에 있는 모든 사람은 나보다 부자입니다. 금가락지를 끼고 아름다운 옷을 입고 나오는 사람은 눈에 보이는 부자이고 하나님이 보시는 부자는 교회를 찾아온 가난한 사람들입니다. 그래서 우리는 "이웃 사랑하기를 네 몸과 같이 하라"는 최고의 법을 지키려 할 때 눈에 보이는 부자만 사랑할 것이 아니라 지금은 가난하게 보이지만 하나님께서 믿음에 부하게 하시고 하늘나라를 유업을 받게 할 잠재적인 부자도 함께 사랑해야 합니다. 특별히 부자에게 아부하지 말고 가난해 보이는 사람을 진심으로 사랑해야 합니다. 부자는 천국에 가기 더 힘듭니다. 그러나 가난한 사람은 하나님께서 초청한 자녀들입니다. (2007.06.04.)

17

돌려줄 수 없는 빚

> 너는 네 떡(식물)을 물 위에 던져라 여러 날 후에 도로 찾으리라/일 곱에게나 여덟에게 나눠 줄지어다 무슨 재앙이 땅에 임할는지 네가 알지 못함이니라
>
> -전 11:1~2-

솔로몬은 미래는 아무도 알 수 없지만, 가만히 앉아 있지 말고 부지런히 투자하라고 말합니다. 무역으로 많은 돈을 벌었던 솔로 몬은 해상무역이 얼마나 위험한 모험인 줄 알면서 물 위에 네 떡을 던지라고 말합니다. 물 위에 던진 떡이 어디로 갈지 또 언제 많은 이익을 가지고 돌아올지 하나님밖에 아시는 분이 없습니다. 그러 나 부지런히 던지라고 말합니다. 결과는 하나님께 맡기고 후하게 막 던지라는 것입니다. 그러나 그는 투자는 신중하게 하라고 덧붙 입니다.

이것은 부한 사람이 가난한 사람에게 자비를 베풀라는 뜻으로 해석할 수도 있습니다. 어려운 사람에게는 돌아올 보상을 생각하 고 베푸는 것이 아닙니다. 꼬리표가 붙지 않은 선을 행하면 하나님의 때가 이르면 오랜 후에 거둘 것이라는 권고입니다. 어려운 사람을 찾아 베풀되 되도록 여러 사람에게 베풀라고 말합니다.

저는 1966년 하와이의 동서문화센터(EWC)에 유학을 떠난 일이 있습니다. 동서문화센터는 동양에 있는 학생과 미국에 있는 학생을 그 중간지점인 하와이로 불러 공부도 하게 할 뿐 아니라 함께 기숙사에 한방을 쓰면서 문화 교류로 상대방을 이해하게 하는 일을 추진하는 기관입니다. 그때 우리나라 사람들은 '아메리칸 드림(American Dream)'을 가지고 미국을 가는 사람이 많았습니다. 국민소득(GNI)은 $250도 되지 않은 때였습니다. 저는 다행히 장학금을 받아 갔지만, 미국 땅을 밟아 보는 것이 꿈이었습니다. 공항에 도착했을 때 자원봉사자가 나와 목에 레이를 걸어주고 기숙사까지 데려다주며 무엇이든지 어려운 일이 있으면 연락하라고 전화번호도 주고 갔습니다. 나이 많은 부인이 이렇게 친절하게 자원봉사하는 것이 신기했습니다. 저는 일 년 연수를 마치고 미국 본토를 여행할 때는 센터에서 제공한 주소를 따라 자원봉사자들에게 편지하고 입주 도움(Home Stay)을 받아 여행했습니다. 가는 곳마다 돕는 손길이 있었습니다. 그런데 저는 관광하는 데 정신을 빼앗겨 감사편지도 내지 않고 감사 전화는 돈이 들어 더더욱 하지 않았습니다.

40년이 지난 지금 코리안 드림(Korean Dream)을 찾아 들어오는 노동자와 학생들이 많아졌습니다. 그런데 저는 그들에게 한 번도 숙소를 제공한 일도 없고 승용차를 내어 그들을 돕는 일을 하지 않았습니다. 이유는 아파트는 개인 주택과 달라서 외부 사람을 재우기 어려웠습니다. 그러면서 사십여 년 전에 저를 도와주었던 많은 사람을 새삼 생각했습니다. 너무 오래되어서 이름도 주소도 알 길이 없었습니다. 그들은 나에게 어떤 보답을 바라고 친절을 베푼 것이 아니었습니다. 제가 갔을 때 자기 집에 거쳐 온 여러 나라 사람들의 사진을 보여 주었는데 그들은 물 위에 떡을 던진 사람들이었습니다. 되도록 후하게 많은 사람에게 떡을 던진 사람들이었습니다. 저는 지금 그들에게 돌려줄 수 없는 빚을 지고 있습니다. (2007.07.23.)

18

지금도 담배를 피우십니까

> 오직 각 사람이 시험을 받는 것은 자기 욕심에 끌려 미혹됨이니
>
> -약 1:14-

지금도 담배를 피우십니까? 저는 담배를 끊고 나니 그렇게 기분이 좋을 수가 없습니다. 한때는 담배를 피우고 싶다는 시험(유혹)에 빠져 하루에 두 갑도 피웠습니다. 생각해 보면 이 유혹은 하잘 것없는 데서 시작되지만 한 번 빠지고 나면 그것은 관성을 얻어서 저를 어쩔 수 없게 만들어 버립니다. 인간을 사망의 길로 유혹하는 것은 귀신(마귀)의 짓이라고 합니다. 어떤 사람이 담배를 너무 피워서 후두에 염증이 생겨 후두암이 될 수도 있다는 경고를 받고 담배를 끊을 결심을 했습니다. 그래서 금연자 모임에 나가 여러 가지 사례를 듣고 있었는데 갑자기 한 권사가 "윤 선생이라고 했지요? 윤 선생은 지금 어딘가 몸이 불편하지요?"라고 말하며 자기를 뚫어지게 쳐다보는데 자기 내심을 다 알고 있는 것 같아 뜨끔했답니다. "그렇습니다. 후두에 염증이 있습니다"라고 했더니 "당장 담배를 끊으세요"라고 불호령을 했다고 합니다. 그러고는 그의 옆으

로 와서 머리에 손을 얹고 기도를 했답니다. "담배 귀신아, 나오너라. 주 예수 그리스도의 이름으로 명하노니 담배 귀신아 물러나라!!" 그리고 나서 앞으로 담배가 피우고 싶은 유혹이 생기면 눈을 감고 30분 동안만 "담배 귀신아 물러가라"를 외치면 욕구가 사라진다고 말했답니다. 너무 큰 소리로 외쳐서 부끄러워 어쩔 줄 몰랐는데 어찌 된 영문인지 그 뒤부터는 기도를 안 했는데도 냄새가 역겨워 담배를 끊게 되었다고 합니다. 귀신이 물러난 것입니다.

좀 유치하기는 하지만, 이 모든 것은 귀신이 하는 짓이라고 생각하면 한결 문제를 단순화하고 해결이 쉬워집니다. 귀신의 흡연 유혹을 생각해 보십시오. '공원 벤치에 홀로 앉아 담배를 하나 꼬나 물어 봐. 폐 깊숙이 빨아들였을 때의 짜릿함과 밖으로 내뿜었을 때의 파란 연기를 상상해 봐. 담배 피운다고 꼭 빨리 죽는 것은 아니야. 성경에는 담배 피우지 말라는 말은 없지 않아? 한국 개신교에서 정한 악법이야. 그렇게 금하니까 공연히 범하고 싶어지지. 괜찮아 떳떳하게 피워'"

타락한 인간은 하지 말라고 하면 거역합니다. 법이 없을 때는 잘 지내던 사람이 법이 생기면 범법을 하고 싶어 합니다. 거기다 귀신은 진드기처럼 눌어붙습니다. 그런데 이렇게 눌어붙는 것이 귀신이라는 것을 알고 있다면 앞 권사님의 말처럼 "주 예수의 이름으로 명하노니 담배 귀신아 물러가라!"하고 30분쯤 기도하면 쉽사리 물리칠 수 있을 것입니다. 비록 담배뿐 아니라 모든 유혹도 좀 유치하지만, 유혹은 귀신이 하는 것으로 생각하고 이렇게 물리쳐 보십시오. 저는 장로 장립을 받으면서 흡연을 중단했습니다. 장로 직분의 너무 무거운 짐을 생각할 때 흡연의 유혹은 전혀 문제가 되지 않았습니다. 단번에 끊었고 그때부터 담배 냄새가 역겨워졌습니다. 기도하기도 전 하나님께서 마귀를 물리쳐 주신 것입니다. (2007.08.27.)

19

전도를 잘 못 했습니다

> 내가 복음을 전할지라도 자랑할 것이 없음은 내가 부득불 할 일임
> 이라 만일 복음을 전하지 아니하면 내게 화가 있을 것이로다
>
> -고전 9:16-

저는 전도를 해서 우리 교회로 인도한 사람은 몇 사람 되지 않습니다. 저의 권유로 교회에 나왔다가 일 년 내에 떠난 사람이 대부분입니다. 각자 어쩔 수 없는 이유가 있었습니다. 우리 아래층에 사는 분은 교회를 오가는 우리를 보고 자기네도 교회에 나가고 싶다고 말했습니다. 우리 교회는 차로 20, 30분 거리에 있어 좀 멀다고 했더니 그 정도는 멀지 않다면서 아는 사람이 있는 우리 교회를 따라 나가고 싶다는 것이었습니다. 그분들이 유일하게 열매 맺은 분들입니다. 다른 한 사람은 제가 논문 지도도 했고 결혼 주례도 했던 사랑하는 제자입니다. 무슨 말이나 잘 순종하고 시킨 일은 깔끔하게 잘 처리하는 능력 있는 청년이기도 합니다. 그런데 예수를 믿지 않아 안타까웠습니다.

학위를 마친 후 취직을 하려 했지만 여의치 않았습니다. 기독교 고등학교에는 세례증이 없어 원서도 접수 시킬 수가 없었습니다. 저는 안타까워서 세례를 받지 않아서 서류를 낼 학교의 문이 좁아졌다고 말했습니다. 그 후 그들은 교회를 나와 성실하게 교회 생활을 하고 구역예배도 충실하게 참석했습니다. 세례도 받고 집사도 되었습니다. 그런데 5년이 채 못 되어 교회를 떠났습니다. 학원에 나가 학생들 과외지도를 주일에도 해야 했기 때문이었습니다. 저는 이것이 제가 전도를 잘 못 한 탓이라는 생각을 하게 되었습니다. 세례증을 받아 취직하기 위해 교회에 나오라고 오도한 것이 아닌가 하는 생각을 하게 되었습니다. 한 영혼을 구원한다는 것은 쉬운 일이 아닙니다. 이메일을 통해 성경 공부한 것을 보내기도 하고 성서지도책, 영성 훈련을 위한 기초적인 소책자 등도 보냈습니다. 교회 홈피에서 목사님 설교도 들으라고 권유하기도 했습니다. 그러나 생활비를 벌기 위해 바쁘게 뛰는 그들은 다시 교회에 나오지 않았습니다.

한번은 새벽기도 시간에 그들이 속했던 구역장을 만났습니다. 그런데 그 구역장이 내 제자가 기독교 고등학교에 취직하기 위해 목사님 추천서가 필요한데 부끄러워서 목사님 앞에 나가지를 못한다는 말을 했습니다. 교회 생활을 등한히 했는데 어떻게 추천서를 써달라고 갈 수 있느냐면서 혹시 구역장이 같이 가주지 않을까 해서 눈치를 보는 것 같았다고 말했습니다.

저는 그렇게 피해 다니던 그를 이제 하나님께서 다시 부르신다는 것을 느꼈습니다. 바로 그를 목사님 곁으로 데려가 추천서를 받아 면접실로 보냈습니다. 그 학교는 교직원의 신앙을 철저하게 관리하는 곳입니다. 이제 그는 주님 곁을 떠나지 않을 것입니다.

(2007.09.17.)

20

하나님의 임재

> 그들과 함께 음식 잡수실 때에 떡을 가지사 축사하시고 떼어 그들
> 에게 주시니/그들의 눈이 밝아져 그인 줄 알아 보더니 예수는 그들에
> 게 보이지 아니하시는지라
>
> -눅 24:30~31-

예수님께서 십자가에 돌아가시고 사흘째 되던 날 메시아에 대한 소망을 잃은 두 제자가 엠마오로 내려가고 있었습니다. 이때 예수님께서 가까이 와서 동행하면서 모세와 선지자의 글로 시작해서 성경에 자기에 대해 예언한 내용을 들어 근일에 된 일을 차근차근 설명하여 주었습니다. 그리고 그들의 권유로 숙소에 가서 식사할 때에 떡을 가지고 축사하고 떼어 주었습니다. 이때 그 제자들의 눈이 밝아져 동행하던 그분이 예수인 것을 알아보게 되었습니다. 그런데 그 순간에 예수님은 사라졌습니다. 어디로 가셨을까요? 부활한 사실을 가르쳐 주었기 때문에 이제 다른 곳으로 가셨을까요?

우리는 하나님께서 늘 우리와 동행하고 계시는 줄 알면서도 하나님의 임재를 간절히 구합니다. "하나님이여, 제 곡성에 귀를 기울여 주십시오" "하나님의 성전에서 우리가 합심하여 기도하오니 이곳에 임해 주십시오" 주께서 우리와 동행하시고 우리 마음 가운데 늘 계시는 것을 안다면 우리는 그렇게 울며 외치지 않아도 바로 가까이에서 상의할 수 있으리라고 생각합니다. 엠마오에 내려가던 두 제자가 주께서 빵을 떼는 것을 보고 눈이 밝아졌을 때 주께서는 갑자기 먼 곳으로 사라진 것이 아니고 그들의 마음속으로 들어가셔서 눈에 안 보였다고 생각됩니다. 늘 그들과 함께하시기 위해섭니다. 그러면서 그들에게 예루살렘에서 기다리라고 했던 주님의 말씀을 생각나게 한 것입니다.

얼마 전에는 아내가 미국에 있는 아들로부터 전화를 기다리고 있는 눈치였습니다. 그래서 궁금하면 전화를 해보라고 했는데 전화를 하지 않았습니다. 그는 밤늦게 학교에서 집으로 돌아올 때도 있고 또 아침 일찍 학교에 가는 일도 있어 단잠을 깨울까 봐 시간을 맞추기 어려웠기 때문입니다. 그런데 기다리던 전화가 왔습니다. 연구비 신청서의 제출 마감을 지키느라 바빠서 전화를 못 했다는 것이었습니다. 그는 아침저녁으로 하루에 두 번씩 문안 전화를 했는데 부모님을 모시지도 못하는데 전화도 안 하면 불효라고 생각하는 것 같았습니다. 그러나 아내는 그 아들이 어머니와 함께 살지 못해 늘 허전해서 그럴 거라고 애처로워했었습니다. 그런데 다시 전화가 시작된 것입니다.

"바쁘지 않을 때도 늘 문안 전화할 필요 없다. 거리만 떨어져 있지 우리는 늘 너와 함께 있다. 전화가 없을 때는 더 열심히 기도하기 때문에 훨씬 가까운 곳에서 너와 함께 있는 셈이다. 강하고 담대해라"

저는 사랑하는 하나님께서도 우리가 어려우면 어려울수록 내 곁에 더 가까이 계시리라고 생각합니다. 우리가 구해서 하나님이 내 곁에 오시는 것이 아니고 하나님은 우리를 사랑하셔서 우리 곁을 떠나실 수 없는 것입니다. 하나님의 임재를 느끼는 사람만 진솔한 기도를 할 수 있습니다. (2007.10.08.)

21

사랑하는 친구여

> 내가 사망의 음침한 골짜기로 다닐지라도 해를 두려워하지 않을
> 것은 주께서 나와 함께 하심이라 주의 지팡이와 막대기가 나를 안위
> 하시나이다
>
> -시 23:4-

이 해가 다 지나가는 12월이 되었네. 우리는 지금 구세주가 오신 성탄과 다시 오실 재림을 기다리는 대강절을 지키고 있네. 한 주가 지날 때마다 보라색, 연보라색, 분홍색, 흰색의 초를 켜며 그날이 가까이 오는 때를 기다리고 있네. 자네와 소식이 끊긴 지 오래되었네. 그러나 언제나 분홍색 초가 켜질 때가 되면 초조한 마음으로 빨리 자네에게 소식을 전해야 한다는 생각이 드네.

그래 무슨 소식을 전할까? 자네는 하나님께 감사한 이야기를 듣기 원하리라고 생각하네. 우리는 그렇게 세상을 이기고 재림의 때까지 살아가자고 이야기한 사이였으니까. 글쎄. 내 이야기를 들어 보게.

먼저 새 차가 생겼네. 95년 형 '프린스'를 12년간 탔는데 바꾸라

주와 함께 살며 묵상하며

는 권고도 많아 차에 대해 기도해 왔는데 자녀들이 돈을 모아 보내주어서 새 차가 생긴 것이네. 무엇보다도 우리 나이에 당뇨로 눈이 잘 안 보여 운전을 그만둔 사람이 많은데 나에게는 아직 좋은 시력을 주신 것이 얼마나 감사한 일인가? 아마 이 차가 내 인생의 마지막 새 차가 될 것 같네.

다음은 11월에 그동안 성경 말씀을 한 절씩 매주 묵상해서 내 게시판에 올려놓았던 것을 52주로 나누어 정리해서 묵상과 기도 시리즈를 출판했네. 작년에 이어 두 번째 내는 것인데 격려해 주고 말씀을 함께 나누는 사랑스러운 분들이 주변에 있어 감사하네. 말씀을 묵상하는 동안 주의 말씀은 내 발에 등이 되고 내 길에 빛이 된 것을 확신하네. 자네도 내가 기특하지 않은가?

마지막으로 새 아파트로 이사하게 주님께서 인도하셨네. 20년 동안 꿈쩍도 하지 않고 한 곳에 살았네. 모델 하우스가 나올 때마다 보고 와서 옮기자는 아내의 말을 들을 때마다 새집에 대해 생각은 했지만 정작 옮길 생각은 안 했네. 우리 나이에 옮기는 일이 쉬운 일인가? 그런데 이번에는 어찌 된 영문인지 모델 하우스에 가보고 싶어 나갔다가 계약을 하고 돌아와 버렸네. 좀 한적하고 공기가 좋은 소도시로 하나님께서 나를 옮기게 하실 모양이네.

올해 여름 집중 호우가 쏟아지던 날 이야기도 들려주고 싶네. 나는 고속도로를 운전하고 있었는데 세찬 호우로 한 치 앞도 잘 볼수가 없었네. 그런데 나는 운전대를 잡고 꿈속에서처럼 달리고 있었네. 사고가 나서 죽지 않은 게 다행이지? 그러자 갑자기 비가 그치고 무지개가 떴네그려. 한쪽 끝은 바로 내 차 앞에 닿았는데 그런 황홀한 광경은 평생 처음이었네. 십여 분 동안을 그렇게 달리면서 이것은 내가 운전하는 것이 아니고 하나님께서 인도하시며 운전하고 계신다고 생각했네.

새차와 새집에서 혼잡한 도시를 떠나 공기 좋은 시골에서 이제 새로운 한 해를 시작해볼까 하네. 새해에 또 연락함세. 주님의 사랑과 기쁨과 평화가 자네에게도 늘 함께하시기를 기원하네.
(2007.12.10.)

22

미국의 하나님을 모시고 와라

> 내가 여호와께 바라는 한 가지 일 그것을 구하리니 곧 내가 내 평생에 여호와의 집에 살면서 여호와의 아름다움을 바라보며 그의 성전에서 사모하는 그것이라
>
> -시 27:4-

　제가 미국에서 학위를 마치고 돌아올 때 어머니는 "귀국할 때 너를 도와주신 하나님을 모시고 와라"라고 말씀하셨습니다. 그도 그럴 것이 제가 유학 가 있는 동안 첫째 딸과 막내아들이 우리와 같이 살며 고학했고 한국에서 대학에 다니던 두 아들은 고학하면서 우리가 용돈을 벌어서 보내면 그걸로 살았습니다. 재직했던 대학에서의 생활비 후원은 끝난 때였습니다. 아내가 받는 주급은 남지도 않고 모자라지도 않은 만나와 같은 것이었는데 그것을 주말 은행에 입금해서 하나님께서 우리에게 일주일 살 것을 채워주셨습니다. 그동안 병원에 가지 않았으며 중고차를 타고 다녔지만, 길에서는 일이 없었습니다. 주변 사람은 우리가 어떻게 그렇게 살 수 있는지 기적이라고 생각하고 있었습니다. 그래서 어떻게 사는지

묻는 사람에게 "그들은 매일매일 하나님께서 주시는 만나로 살고 있다"라고 대답한 사람도 있었습니다.

저는 미국에서 저에게 복 주시고 지키신 하나님을 모시고 가겠다고 어머니께 말했습니다. 제가 굳이 모시고 가지 않아도 하나님은 언제나 제 곁을 떠나지 않으시고 저와 동행하실 것이기 때문이었습니다. 나를 지키신 하나님은 미국에만 계시지 않고 한국에도 똑같은 자비로우신 하나님으로 계셨습니다.

이번에 저는 교회에서 좀 멀리 떨어진 아파트로 옮기게 되었습니다. 그러자 어떤 교인이 장로까지 지내고 은퇴한 나이 든 사람이 교회 가까이 옮길 생각은 하지 않고 왜 멀리 옮기는지 모르겠다는 말을 하는 걸 들었습니다. 그래서 저는 하나님은 장소와 상관없이 저와 함께 계신다고 말했습니다.

우리 교인들은 하나님이 거하시는 집을 매우 중요하게 생각합니다. 구약시대에는 하나님의 임재를 상징하는 언약궤가 있었습니다. 물론 언약궤는 하나님이 거하는 곳으로 언약궤를 모시는 성막은 아주 중요했습니다. 광야에서는 구름기둥과 불기둥으로 이스라엘 백성을 인도했습니다. 요단강을 건널 때는 언약궤를 멘 제사장들의 발이 강에 닿았을 때 물이 갈라지고 가나안 땅에 들어갔습니다. 여리고 성을 함락할 때는 법궤를 메고 성 주변을 돌았으며 일곱째 날에는 성 주변을 일곱 번 돌고 백성이 나팔 소리를 들을 때 크게 소리 질러 외치니 성벽이 무너졌습니다. 법궤는 바로 하나님의 임재였습니다.

그러나 예수님은 십자가에서 돌아가실 때 대제사장만 들어가 하나님을 만났던 지성소와 성소 사이의 장막을 둘로 가르시고 누구나 하나님을 만날 수 있게 해 주셨습니다. 그분은 부활하여 성령을 주시며 누구나 믿고 주를 영접하면 우리 안에 오셔서 더불어 먹고 마시며 동거하십니다. 저는 어느 장막 집으로 가든 하나님을 모시고 갑니다. 아니 그분이 저를 인도하십니다. 따라서 저는 어느 곳에 가든 하나님을 모시고 가서 그분의 품에서 하나님의 성품을 닮고 주의 부르심에 합당한 삶을 살 것입니다. (2008.01.18.)

23

자랑할 것이 자기에게만 있는 사람

> 각각 자기의 일을 살피라 그리하면 자랑할 것이 자기에게는 있어도
> 남에게는 있지 아니 하리니/각각 자기의 짐을 질 것이라
>
> -갈 6:4~5-

저와 아내는 치약을 쓰는 버릇이 좀 다릅니다. 저는 끝에서부터 눌러 짜고 아내는 중간을 눌러서 개미허리처럼 만들며 씁니다. 그래서 치약을 쓸 때마다 아내는 나에게 한마디씩 합니다. 이렇게 쓰지 말라는데 왜 말을 안 듣느냐는 것입니다. 저는 아내가 다른 사람 방법도 인정해 주어야지, 왜 자기 방법만 옳다고 주장하는지 이해하기가 어렵습니다. 이건 작은 일이지만 교회에서도 이런 일은 있습니다. 울며 소리치고 기도하는 사람이 옆 사람은 얌전히 신사처럼 기도한다고 불평합니다. 선교지를 안 나가봐서 그렇지 오지에서 말씀을 사모하는 영혼을 생각하면 그렇게 격정이 없는 기도를 할 수가 없다는 것입니다. 또 새벽기도를 열심히 나오는 장로가 자기는 새벽기도에 안 나오는 사람은 장로 자격이 없다고 생각한다고 판단합니다. 어떤 여자 권사는 여전도회 집회에 안 나오는 집사

를 비난합니다. 아침마다 전화기를 붙들고 무슨 말을 누구하고 하는지 이해할 수가 없다고 전화 연락도 안 되는 것을 한탄합니다. 그런데 실제 그, 여 집사는 한 시각장애인에게 매일 아침 성경을 읽어주고 있었습니다. 물론 자기의 한 일이 옳다고 할 수 있습니다. 그 일이 하나님이 기뻐하시는 일이면 하나님께 자기를 자랑할 이유가 생겨서 그보다 더 좋은 일이 없습니다. 그래서 '난 참 좋은 일을 했다'라고 속으로 흡족해하며 하나님 앞에서 자기를 자랑해야 합니다. 그런데 다른 사람과 비교해서 자기가 더 잘했다고 한다면 그것은 다른 사람을 낮추고 자기를 높이는 일입니다.

갈라디아서 6:4를 '현대인의 성경'은 다음과 같이 번역하고 있습니다. "각자 자기의 행위를 살피십시오. 그러면 남과 비교하지 않고도 자기 자신이 한 일을 자랑스럽게 여길 수 있을 것입니다"

바울은 '자유의 대헌장'이라고 불리는 이 갈라디아서를 쓰면서 율법에서의 자유, 죄에서의 자유를 외쳤습니다. 그리고 나서 갈라디아 교인들에게 이 귀한 은혜 때문에 방종하지 말고 더욱 그리스도인으로서 합당한 삶을 살라고 권면합니다. 중요한 것은 하나님께서는 그리스도인 각자에게 그 사람이 할 수 있는 일(짐)을 맡기셨다는 것을 인정하는 일입니다. 하나님께서는 각 그리스도인은 하나님의 지체로서 각각 은사를 받은 대로 하나님의 각양 은혜를 맡은 선한 청지기같이 서로 봉사하도록 하셨습니다(벧전 4:10). 따라서 하나님께서 각자에게 맡기신 일이 있다는 것을 인정하고 자기의 맡은 일을 충실히 하며 자기에게 자랑할 것이 있는 것을 내심 기뻐해야 합니다. 자기 일을 살피고 있으면 그런 사람은 아무것도 되지 못하고 된 줄로 생각하지 않을 것입니다(갈 6:3). 그뿐 아니라 자랑할 것이 자기에게는 있어도 남에게는 있을 수가 없다는 것을 알게 될 것입니다. 이렇게 자기 일을 남과 비교하지 않고 남도 하나님이 사랑하사 귀한 일을 맡겼다는 걸 인정하면 그리스도인의 공동체는 훨씬 행복하고 풍요로울 것입니다. (2008.04.28.)

24

부디 인내하십시오

> 너희 안에서 착한 일을 시작하신 이가 그리스도 예수의 날까지 이
> 루실 줄을 우리는 확신하노라
>
> -빌 1:6-

저는 기독교인이 안 되려고 많이 피해 다녔습니다. 교회를 먼저 나가고 있던 아내가 함께 가기를 권하면 아내의 출석을 반대하지 않을 테니 제발 나에게 출석을 권하지 말라고 했습니다. 또 마지못해 같이 나가더라도 결코 교회에 등록하지 않았습니다. 어느 집단에 구속되기가 싫기 때문입니다. 좀 마음잡고 다니다가도 옆 교인이 큰 소리로 울며 기도하면 나도 그렇게 광적인 사람이 될까 봐 눈을 뜨고 정신을 바짝 차리고 있었습니다. 영안(靈眼)이 떠져 하나님과 귀신을 선별해서 보는 사람이 있다고 말하면 온몸이 오싹하고 머리칼이 곤두섰습니다. 혹 심방이라도 와서 내 집구석에 귀신이 우글거린다고 하면 어떻게 합니까? 그렇지 않다고 해도 믿어 줄 사람이 없고 소문만 무성해질 것입니다. 또 하나님의 음성을 듣는 사람이 있다고 하면 더욱 교회가 싫어졌습니다. 교회에 다니

다가 행여나 나도 그렇게 되면 아직도 하고 싶은 일이 많은데 하나님이 싫은 일을 시키시면 어떻게 하나 하는 걱정 때문이었습니다.

그러던 제가 이제 장로가 되었습니다. 그리고 예수를 믿고 구원을 얻으라고 다른 사람에게 권고합니다. 구경삼아 교회를 마당만 밟고 다니지 말고 예수님께 자기를 맡기고 헌신하라고 말합니다. 복 받기 위해 하나님께 기도하고 일어서버리지 말고 하나님의 음성을 들으라고 말합니다. 주님의 양이 되고, 주의 음성을 듣고 그를 따르라고 말합니다. 아예 음성을 듣는 도구까지 가르쳐 줍니다. 성령을 받으면 성령이 하나님께 들은 바를 그대로 전해 준다고(요 16:13) 말해 줍니다. 성경은 하나님의 감동으로 된 것으로 말씀을 묵상하면 그 안에서 주의 음성이 있다고 말해 줍니다. 지금은 누가 네 집에 귀신이 우글거리고 있다고 해도 코웃음을 칩니다. 하나님과 동행하는 제집에 귀신이 같이 있을 수 없기 때문입니다.

릭 워렌 목사는 그의 『목적이 이끄는 삶』에서 몇 년 전에 미국 사람들이 PBPGINFWMY라는 글씨가 새겨진 배지를 달고 다닌 적이 있었다는 말을 언급한 일이 있습니다. 이 약자는 Please Be Patient, God Is Not Finished With Me Yet.의 약자입니다. 즉 하나님께서는 내 안에서 내가 예수를 닮도록 계속 일하고 계시는데 아직 그 임무를 완성하지 못했으니 참고 기다리라는 뜻입니다. 저는 늦게야 하나님께서 나를 위해 얼마나 해산의 수고를 하셨는지를 깨달았습니다.

우리는 얼마나 성급하게 결과를 원합니까? 암 환자는 살든지 죽든지 어느 한쪽으로 결정해 달라고 하나님께 조릅니다. 그러나 얼마나 오랫동안의 잘못된 습관으로 얻은 질병입니까? 이 질병이 단번에 고쳐질 수 있겠습니까? 깊은 상처를 받은 사람이 하나님이 빨리 치유해 주지 않으신다고 자살을 시도합니다. 그 깊은 상처가 시간이 흐르지 않고 어떻게 한순간에 치유될 수 있겠습니까? 하나님께서 내 안에서 일하시도록 제발 인내하며 기다려야 하겠습니다. 부디 인내하십시오. (2008.05.20.)

25

장래 일은 하나님만 아십니다

> 내일 일을 너희가 알지 못 하는도다 너희 생명이 무엇이뇨 너희는
> 잠깐 보이다가 없어지는 안개니라
>
> -약 4:14-

새해가 되면 교회에서는 송구영신 예배를 드리면서 새해에 하나
님께 소망하는 것을 아뢰라고 합니다. 어떤 사람은 머리를 깎기도
하며 금식을 하면서 서원 기도를 하는데 그 내용을 살펴보면 대개
자기 자신이나 가족, 특히 자녀의 안위를 위한 것이 많습니다. 간
혹 선교사 지망을 두고 하나님께 매달리는 일도 있습니다. 저는 정
월 초하루에 특별히 해야 할 서원을 못 찾는 형편입니다. 그런데
하나님께서 새해에 네가 꿈꾸는 소원이 무엇이냐라고 꼭 하나만
대라고 하신다면 기도를 쉬는 죄를 범하지 말게 해주십시오, 이렇
게 대답하고 싶습니다. "나와 대화하려면 그건 당연하지. 그럼 그
중 하나만 말해 봐라"라고 물으시면 이런 대화를 하고 싶습니다.

'9·9 팔팔 2·3 사'(99세까지 팔팔하게 살고 2, 3일 만에 죽게 하소서)라
고 하고 싶습니다. 그렇게 오래 살아서 뭘 하게? 그럼 하나님 뜻대

로 해주세요. 다만 2·3 사라도 하게 해주십시오. 그것도 네 마음대로 할 수 없느니라. 그럼 그것도 하나님 뜻대로 해주십시오. 이런 대화입니다.

결국, 새해의 소원은 하나님 뜻대로 인도해 주시라는 것이 될 것 같습니다. 나이가 들어 제게서 말씀과 믿음과 비전이 사라진 것일까요? 야고보서를 보면 "오늘이나 내일이나 우리가 아무 도시에 가서 거기서 일 년을 유하며 장사하여 보리라 하는 자들아" 하고 경고하시며 "너희가 시간을 마음대로 할 수 있었느냐? 생명을 마음대로 할 수 있었느냐? 하고 싶은 일을 마음대로 할 수 있었느냐? 다 헛된 짓이다"라고 말하고 있는 것 같습니다. 그럼 아무 비전도 없이 살아야 할까요? 아닙니다. 허탄한 자랑을 하지 말고 허풍을 떨지 말라는 것입니다.

속된 과거 이야기를 하나 해볼까요? 저는 30대에 미국에 유학하고 싶다는 강한 욕망을 가졌었습니다. 그런데 우연히 풀브라이트 장학회에서 한국에서 과학·수학 교사 두 사람을 뽑아 하와이에 유학을 시키는데 각 시·군에서 두 사람씩 추천, 최종 선발한다는 통지가 왔습니다. 이때 우리 시에서는 공립학교에 한 사람, 사립학교에 한 사람을 배정했는데 제가 있는 사립학교가 그중의 하나였던 것입니다. 그러나 저는 지망할 처지가 되지 못했습니다. 이 학교에 근무하다가 이년이나 휴직하고 대학을 다니고 돌아온 지 얼마 되지 않았기 때문이었습니다. 물리 선생을 추천했는데 근무연한 미달로 서류가 반려되었습니다. 전국에서 2명인데 꼭 된다는 보장도 없으니 제가 신청을 해보겠다고 교장 선생께 사정하여 시험을 보게 되었습니다. 그런데 제가 뽑힌 것입니다.

저는 하나님의 목적에 이끌려 사는 삶이라는 것이 어떤 것인가 하는 것을 뒤늦게야 깨달았습니다. 우리가 성령을 소멸하지 않은 이상 그분은 우리에게 비전을 주십니다. 그리고 이 성령에 이끌리어 사는 삶은 하나님의 뜻을 좇아 사는 삶이라고 저는 확신합니다.

(2008.05.28.)

돕는 배필

> 여호와 하나님이 이르시되 사람이 혼자 사는 것이 좋지 아니하니
> 내가 그를 위하여 돕는 배필을 지으리라 하시니라
>
> -창 2:18-

저는 '길맹'입니다. 그래서 특히 외국에서 운전하고 다닐 때는 아
내를 지도를 읽어주는 돕는 자로 옆에 앉히고 떠납니다. 돕는 자
란 노예나 비서처럼 자기보다 낮은 자리에 있는 사람을 말하는 것
이 아닙니다. 시편 기자는 하나님이 우리의 도움과 방패(시 33:20),
나의 도움(시 70:5), 너의 도움(시115:9)이라고 돕는 자 되심을 노래했
습니다.

하나님께서 흙으로 각종 들짐승과 공중의 각종 새를 지으신 뒤
그 이름 짓는 일들을 아담에게 맡기시고 혼자 사는 것이 좋지 않
아 그를 위해 돕는 아내를 하나님께서 짝지어 주신 것입니다. 예수
님은 "이제 둘이 아니요, 한 몸이니 그러므로 하나님이 짝지어 주
신 것을 사람이 나누지 못할지니라(마 19:6)"라고 말씀하셨습니다.

우리는 미래를 알지 못하는 두려운 세상에 살고 있습니다. 하나님의 창조질서에 어긋난 삶을 살 때 하나님의 진노가 눈앞에 임하는 세상인데 무지한 만용으로 진노를 의식하지 않고 살고 있습니다. 그런 우리에게 꼭 필요한 돕는 배필을 하나님께서는 예비해 두었다가 짝지어 주셨습니다. 두 사람끼리 한때 뜻이 맞았다는 것도 아니며, 두 가정이 뜻이 맞았다는 것도 아니며, 온 국민이 바라보는 가운데 왕족이 결혼하듯 만나서 짝지어 준 것도 아닙니다. 아담을 알고 이브를 지으신 것처럼, 인간의 어두운 데서 행하는 것까지 아시는(사 19:15) 하나님께서 남자에게 알맞은 돕는 배필을 짝지어 주신 것입니다.

저는 이번에 여행하면서 아내가 참으로 돕는 배필이라는 것을 다시 한번 깨달았습니다. 결혼한 지 50년이 되니 시력이 약해져서 이제는 길에 세워진 표시판도 잘 보지 못합니다. 전에는 아내가 잘 읽었던 지도도 이제는 돋보기로 불편하게 읽어야 합니다. 그러나 이 불편한 가운데도 돋보기로 길을 잘 찾아 안내했습니다. 그러면서 우리는 오랫동안 잘도 서로 도와 가면서 살아왔다는 생각을 하게 되었습니다. 아내는 완전히 살아 있는 내비게이터(navigator)입니다. 최근에는 내비게이터가 많이 보급되어 이번에는 이 기기를 붙이고 다녔는데 '살아 있는 길 안내자'와 '무생물인 길 안내자'가 충돌해서 적지 않게 당황했습니다. 무생물인 길 안내자가 여자 목소리여서인지 아내는 너무 날카롭게 불신했습니다. 아내는 30년 이상 저를 도와준 베테랑인 길 안내자인데 '내비'를 믿고 어떻게 아내를 배신하고 기계 편을 들겠습니까?

요즘은 외로운 노인들을 위해 깜찍한 로봇을 만들어 심심풀이로 놀게 한다는데, 로봇이 살아 있는 아내를 대신할 수 있겠습니까? 돕는 배필이 옆에 있는 한 감사하며 무생물인 내비너 로봇의 노예가 되어서는 안 된다고 생각합니다. 간혹 실수하는 일이 있다고 할지라도 하나님이 정해 주신 배필을 의지하고 믿고 지내는 것이 행복하고 즐거운 일입니다. (2008.06.12.)

망해야 할 교회

> 하나님이 교회 중에 몇을 세우셨으니 첫째는 사도요 둘째는 선지
> 자요 셋째는 교사요 그 다음은 능력을 행하는 자요 그 다음은 병 고
> 치는 은사와 서로 돕는 것과 다스리는 것과 각종 방언을 말하는 것
> 이라
>
> -고전 12:28-

교회 성장에 전혀 관심이 없는 교회가 있습니다. 부모를 공경하
라, 자녀를 사랑하라, 형제를 사랑하라, 부부간에 사랑하라는 설
교도 하지 않습니다. 그 교회는 부모나 자녀들에게 버림받은 정박
아, 지체 장애인, 노약자들의 모임으로 부모도 없고 자녀도 없고
형제도 없고 결혼한 사람도 없기 때문입니다. 다만 이 장애인들이
빨리 없어져서 이런 교회는 망해야 한다고 생각하는 목사가 목회
하는 교회입니다. 정말, 이 지체 장애인들이 살 곳을 찾아 하나둘
사라져 주었으면 좋겠다는 것이 이 교회를 담임하고 있는 목사의
솔직한 생각일 것입니다.

임락경 목사는 지체 장애인 30여 명과 함께 자기 농장에서 농사
를 지으면서 살고 있었는데 한 번은 이들과 함께 교회를 세우는

게 좋겠다는 생각으로 교회를 세우게 되었습니다. 십자가도 간판도 없는 가정집입니다. 커다란 한옥 기와집을 중심으로 돌집, 사랑채, 메주 숙소, 돼지우리, 닭장, 간장 된장 항아리들이 어수선히 흩어져 있는 곳인데 등록된 교회명은 우리나라에 유일한 '시골교회'입니다. 강원도 화천군 사내면 광덕리인데 이미 '화천교회'도 '사내교회'도 벌써 있었습니다. 처음에는 장애인이 없어지는 복지사회가 되어야 한다고 '망할 교회'라는 이름으로 등록하려 했으나 노회에서 호통만 맞고 지금의 '시골교회'로 등록되었다고 합니다. 그러나 이 교회는 건축헌금을 내는 것도 아니요, 목사 사례금을 드리는 것도 아니어서 등록 교인이 줄지 않은 모양입니다. 오히려 아토피 등 자연 치유를 위해 들어오는 사람이 있는 모양입니다. 거기다 5000평의 농장에서 무공해 유기농으로 농사를 지어 '시골집 메주', '시골집 된장', '시골집 간장' 등의 이름을 가진 유기농 식품들이 시장에서 인기가 있다고 합니다. 그래서 망하지 않습니다. 그러나 요즘은 우리나라도 복지 정책이 조금씩 좋아져서 중증 장애인의 상태에 따라 보조금이 나올 뿐 아니라 간호인 자격증을 가진 보호자에게도 보조금이 나와 지금까지 숨어 있던 가족들이 나타나 장애인들을 하나둘 데리고 가서 정말 망해가고 있는 것 같다고 합니다.

그러나 이 교회를 이단이라고 말하는 사람이 있으며 강원노회 교역자 협의회는 '시골교회'는 보조하지 말자고 결의했다 합니다. 십자가가 없고 강대상이 없으며 여러 교인이 성령의 감동을 따라 자원해서 설교하기 때문이었을까요? 성전의 모습을 갖추지 않아 하나님의 임재와 회중과의 만남이 이루어지지 않는다고 생각했기 때문일까요? 지금도 교회를 구약시대의 성전으로 착각하고 있는 모양입니다.

무엇이 교회입니까? 예수 그리스도를 믿는 사람들의 공동체가 교회입니다. 그들에게 준 은사가 서로 연결되고 결합하여 그리스도의 몸인 교회를 자라게 하고 있습니다. 이런 교회가 참 교회가 아닐까요? (2008.07.09.)

28

'일등'에 관심이 없는 딸

> 이와 같이 나중 된 자로서 먼저 되고 먼저 된 자로서 나중 되리라
>
> -마 20:16-

　미국에 있는 제 손녀는 지금 7학년(중 1)인데 수영을 잘합니다. 수영 코치도 이 애는 몸이 유연하고 팔도 길고 다리도 길어 선수가 될 자질이 다분한 애라고 칭찬을 합니다. 그런데 시합에는 내보내지 않습니다. 이유는 간단합니다. 으뜸이 되고자 하는 치열한 경쟁심이 없기 때문입니다. 뒤에서 경쟁자가 따라붙으면 더 힘을 내야 하는데, 자기가 방해될까 봐 양보한답니다. 부모는 속이 탑니다. 그래서 경쟁심이 강한 한국에 보내 몇 년 공부를 시켜야 할 것 같다고 합니다. 한국 학생들은 경쟁심이 치열해 남을 누르고 일등을 하려고 두 눈에 불을 밝히는 이야기를 많이 듣기 때문입니다. 어쩌면 한국에 가면 그런 습성이 생겨서 돌아올지도 모릅니다. 이 어령 씨 글에도 보면 자기는 서울에서 어떻게 바쁘게 빨리빨리 살았는지 프랑스에 가서 지하철을 타고 내릴 때 모든 사람이 자기를 보고 길을 비켜 주었다고 합니다. 왜 그러는지 몰랐는데 생각해 보

니 자기는 내릴 때 너무 빨리빨리 움직였던 것 같다고 합니다.

으뜸이 되는 게 꼭 좋은 것은 아니라고 저는 말해 주었습니다. 성경에는 "누구든지 으뜸이 되고자 하는 자는 너희의 종이 될 것 (마 20:27)"이라고 말하고 있다고 조급한 마음을 달래 주었습니다. 예수님은 이 말씀을 세베대의 어머니가 자기 두 아들을 주의 나라 에서는 주의 우편과 좌편에 앉게 해달라고 부탁했을 때 제자들이 질투하고 분개하는 것을 보고 들려준 말입니다. 세상에서 으뜸이 되는 것이 하늘나라에서는 또는 하늘나라 백성으로 살고자 하는 자에게는 전혀 중요한 일이 아니라는 이야기입니다. 마태복음 20 장 앞 절에는 우리가 더 이해할 수 없는 이야기가 나옵니다. 포도 원 주인이 품꾼들을 들여보낼 때 아침 9시, 12시, 오후 3시, 6시, 그리고 7시에 들여보내고 일이 끝나 품꾼들에게 삯을 줄 때 똑같이 약속한 대로 한 데나리온씩을 준 것입니다. 세상에서 이런 임금 제도를 이해할 자가 있습니까? 오래 수고한 사람이나 조금 수고한 사람이 같은 삯을 받는 것을 공평하다고 생각하는 사람도 있을까요? 그러나 포도원 주인은 이 삯을 일한 대가로 주는 것이 아니고 주인이 약속한 대로 준 것입니다. 우리 구원이 수고의 대가가 아니고 거저 은혜로 받은 것과 마찬가지입니다. 그래서 저는 속상해하는 며느리에게 말했습니다.

"인내하고 기다려라. 하나님께서 택하시면 늦은 것 같을지라도 나중 된 자가 먼저 되고 먼저 된 자가 나중 될 수 있다"

"하지만 무작정 기다리면 돼요?"

"나는 욕심 없고 순진한 애를 좋아한다. 하나님께서도 '미리부터 수고할 필요 없다. 해 질 녘 7시에도 품꾼을 뽑아주시지 않았니? 뽑아주실 때 바로 순종하면 된다. 불평하지 않아야 한다. 이것이 하늘나라 백성에게 주신 질서가 아니겠니?"

며느리는 머리를 갸우뚱합니다. 그래도 그것이 하나님이 하시는 일입니다. (2008.07.16.)

29

나의 도움이 어디서 올까?

> 내가 산을 향하여 눈을 들리라 나의 도움이 어디서 올까/나의 도
> 움은 천지를 지으신 여호와에게서로다
>
> -시 121:1~2-

시편 120편부터 134편까지 15편의 시는 층계시(The Psalms of Degrees)라고 하며, 매년 축일에 이스라엘 민족이 예루살렘에 올라갈 때 부른 노래라고 합니다. 또 어떤 학자(Elmer L. Towns)는 이 층계시는 중앙의 솔로몬(1편)의 시와 대칭적으로 좌우에 배치한 다윗(4편)의 시를 뺀 나머지 10편의 시를 히스기야가 썼다고도 합니다. 히스기야가 산헤립의 군사들에게 둘러싸여 새장의 새처럼 고립되었을 때 도움을 간절히 구하던 내용과 하나님의 도움으로 하루아침에 적군 18만 5천 명이 송장이 되었을 때(왕하 19:35) 자기를 지키시던 하나님을 찬양한 그런 내용이 시편에 잘 나타나 있기도 합니다. 시 121편에 보면 도움(2절)과 지키신다(3~8절)는 말이 각 절에 나타나 있습니다.

도대체 이 도움이 어디서 오는 것입니까? 웅장한 산에서 오는 것입니까? 이 도움이 자연을 넘어 저 먼 곳에서 나를 지키시는 하나님에게서 온다는 것을 깨닫는 시인의 고백은 너무 아름답습니다.

저는 지난 6월, 차를 렌트해서 캐나다의 동북부에 있는 노바스코샤(NS)를 여행할 기회가 있었습니다. 이곳은 대서양을 바라보고 있는 최동북 쪽으로 호화선 타이태닉호가 파선된 곳에서 가장 가까운 연해(沿海)주입니다. 공항 근처의 호텔에 숙소를 정하고 노바스코샤의 수도인 핼리팩스를 관광한 뒤 돌아오는 길이었습니다. 일반 도로에서 고속도로로 진입하는 로터리에서 우회전해야 하나 좀 더 가야 하나 주저하다가 오른쪽으로 급선회를 했는데 램프의 좀 높은 턱에 걸려 바퀴가 펑크 났습니다. 차를 세우고 어찌할 바를 몰라 911(한국의 119)에 전화를 걸었습니다. 위치를 물었는데 저는 그곳이 어디인지 정신이 멍했습니다. 핼리팩스 도심에서 공항으로 가는 고속도로상이라고 했더니 다시 이 전화번호로 연락하겠다고 말하고 끊었습니다. 아무도 아는 사람이 없는 이 도시에서 어떻게 해야 하나 막연했습니다. 경찰을 기다리고 있는데 한 청년이 차로 다가왔습니다. 어떻게 되었느냐고 묻고 펑크 난 것을 보자 거침없이 자기 차 트렁크에서 도구를 꺼내더니 차를 들어 올리고 바퀴를 갈아 끼우기 시작했습니다. 이때 경찰이 왔습니다. 그들은 젊은이가 차를 고치고 있는 것을 보고 그에게 여러 당부를 하고 떠나갔습니다. 젊은이는 제가 한국 사람이라고 말했더니 어쩐지 그런 것 같았다고 말하며 즐거운 표정으로 잘 도와주었습니다.

젊은이의 도움으로 스페어타이어를 갈아 끼웠지만, 이날이 주말이 되어 어디로 가서 정식 타이어를 갈아 끼울지 막연하였습니다.

그런데 그 젊은이는 자기를 따라오라고 말하며 정비소로 데리고 갔습니다. 그러나 주말이어서 그 정비소가 더 손님을 받을 수가 없다고 하자 다른 곳을 수소문해서 찾아갔습니다. 드디어 주말에도 일하는 한 정비소를 찾아 타이어를 갈아 끼울 수 있었습니다.

도대체 이 젊은이는 누구인가? 또 소나기처럼 계속 쏟아지는 도움은 어디서 오는 것일까? 저는 정말 고마워 젊은이의 손을 잡았습니다. "당신은 하나님께서 나에게 보내준 천사입니다" 저는 그때 "그가 너를 위하여 그의 천사들을 명령하사 네 모든 길에서 너를 지키게 하심이라(시 91:11)"라는 시편 말씀을 갑자기 생각해 냈기 때문이었습니다. 이 시편은 911에 1자가 더 붙은 91:11로 외우기 쉬운 장·절이었습니다. 그러자 그는 자기 아내가 한국의 광주에서 영어를 가르치고 있다고 말했습니다. 그러니 자기의 친절을 너무 의외로 생각하지 말라는 것이었습니다. 그렇다 하더라도 그 순간에 어떻게 하나님은 그런 청년을 나에게 보내주실 수 있었을까? 어떻든 이 감사는 인과관계나 인간의 지각을 뛰어넘는 형용할 수 없는 감동이었습니다.

다음날은 주일이었는데 우리 둘은 호텔 방에서 가정예배를 드리고, 아들이 사는 미국 집을 향한 먼 여행길을 떠났습니다. 아내는 사고가 난 그 시각에 계속 기도를 하고 있었다고 고백했습니다. 메인주의 뱅고어(Bangor)까지 9시간 가까운 운전을 하면서 "교회도 제대로 못 나간 우리를 왜 이렇게 도우십니까?" 하고 주의 도우심에 감격하며 돌아왔습니다. (2008.08.04.)

30

수학을 잘하는 학생

> 내 형제들아 너희가 여러 가지 시험을 당하거든 온전히 기쁘게 여
> 기라
>
> -약 1:2-

"이 학생은 수학을 잘한다"라고 말하면 혀를 휘두르고 경탄합니다. 그런데 저는 수학을 잘하는 학생을 압니다. 그 학생은 아무리 어려운 문제를 내도 포기하지 않고 꼭 풀어서 답을 가져옵니다. 더 어려운 문제를 주어도 또 풀어 옵니다. 문제를 주지 않으면 자기가 어려운 문제를 찾아서 풉니다. 그는 수학을 잘하는 학생으로 알려졌습니다. 그래서 친구들도 어려운 문제를 만나면 풀어 달라고 가지고 와서 해답을 갖고 갑니다. 그 학생은 어려운 문제를 보면 틀에 맞는 수학 공식을 찾지 않습니다. 그는 그 문제의 원리를 파고들며 하나님의 지혜를 구합니다. 그는 오히려 문제를 푸는 공식을 만들어내는 사람입니다. 그렇게 해서 더욱 수학을 잘하는 학생이 되었습니다.

이것이 영적인 문제에도 적용이 된다고 생각합니다. 우리 삶에 부딪히는 시험도 이것을 이김으로 신앙의 거장이 될 수 있기 때문입니다. 그런데 우리는 인생의 어려운 문제, 즉 시험을 당하면 어떻게 합니까? 포기하고 쓰러집니까? 아니면 오히려 기뻐합니까? 시험에는 하나님께서 마침내 우리에게 복을 주시려고 또는 연단하기 위해 주신 시험(신 8:16, 벧전 4:12)이 있고 사단이 하나님의 백성을 죄에 빠지게 하기 위한 시험이 있습니다(마 4:3, 살전 3:5). 그러나 우리는 어떤 경우든 시험을 당할 때 더할 나위 없이 기뻐해야 한다고 야고보 장로는 말하고 있습니다. 우리가 이 시험을 이기고 나면 환난은 인내를, 인내는 연단을, 연단은 소망을 이루게 하여 우리의 신앙을 더욱 성숙하게 하기 때문입니다(롬 5:3~4).

어렵지 않은 시험이 없습니다. 시험을 당하면 너무 힘듭니다. 시험은 우리 힘으로 극복하기가 힘듭니다. 따라서 우리는 하나님께 지혜를 구해야 합니다(약 1:5). 모든 시험은 하나님께서 스스로 혹은 마귀를 통해 주신 것이며 이와 동시에 우리에게 승리할 수 있는 능력도 주셨습니다(고전 10:13). 한번 시험을 극복하고 승리를 체험하게 되면 다른 시험을 기쁨으로 맞아 또 승리하게 됩니다. 그리고 기쁨의 찬양을 주께 드리게 됩니다. 또한 시험을 당한 다른 사람들을 돕고 삶으로 본을 보일 수 있게 됩니다.

우리에게 당한 시험은 더할 나위 없는 기쁨으로 생각해야 하겠습니다. (2009.01.17.)

31

인내하다 그만두면

> 인내를 온전히 이루라 이는 너희로 온전하고 구비하여 조금도 부
> 족함이 없게 하려 함이라
>
> -약 1:4-

　모든 일에, 특히 믿음에는 인내가 필요한데 처음 얼마 동안은 잘 인내하다가 이기지 못하고 포기할 때가 있습니다. 그러면 어떻게 됩니까?

　애들을 기르는데 너무 말을 듣지 않습니다. 대화하고, 설득하고, 회유해도 막무가내로 자기 길만 갑니다. 말을 듣고 돌아오기를 크게 아홉 번이나 참으며 기다려도 안 듣습니다. 열 번째에 참지 못하고 폭력을 썼다면 아홉 번의 인내가 무슨 소용이 있습니까? 결정적인 순간에 3루까지 진출한 야구팀이 3루에서 아웃당하는 것이나 마찬가지입니다. 큰 작품을 만들려고 마음먹고 뜨개질을 시작했는데 반도 못 가서 마음에 들지 않아 다 풀어버렸다면 무슨 결실이 있습니까? 야고보 장로는 인내를 온전히 이루라고 말합니다. 예수 그리스도를 영접하겠다고 서약하고 한 오 년 열심히 다니다가 교회 생활이 너무 힘들다고 인내의 한계를 드러내서 그만둔다면 무슨 유익이 있습니까? 결심만 하고 끝까지 안내하지 못한 사람은 인내를 온전히 이루지 못한 사람입니다.

저는 중학교 여학생들에게 글짓기 지도를 한 일이 있습니다. 공부를 잘하는 여학생인데 이런 글을 썼습니다.

'월말고사다. 이번만큼은 좋은 성적을 올리고 싶다. 저녁을 먹고 책상 앞에 앉았는데 머리가 가렵다. 먼저 머리를 감아야겠다고 생각하고 머리를 감은 뒤 책상 앞에 앉았다. 그런데 손톱이 길다. 그래서 손톱과 발톱을 자른 뒤 이제는 결심하고 공부해야겠다고 자리에 앉았다. 그런데 책상 위의 시계를 보니 바로 연속 방송시간이 아닌가? 이건 내가 놓칠 수 없는 연속 방송이었다.……'

이것이 인간입니다. 인간은 끝없이 유혹에 노출됩니다. 이것을 이기는 것이 인내인데 한두 번 인내로 이겼다 하더라도 온전히 인내를 이루지 못하는 것이 인간입니다. 야고보는 흩어져 있는 열두 지파에 편지하면서 먼저 인내하라, 그리고 인내를 온전히 이루라고 당부합니다. 백열전등을 발견한 토머스 에디슨은 1879년 탄소 필라멘트로 40시간 어둠을 밝힌 전등을 발견한 이래 중국, 일본, 말레이시아, 인도, 중미, 남미 등에서 대나무를 구해 일본 교토 부근의 대나무로 탄소화된 대나무 필라멘트를 사용하는 등 수백, 수천 번의 실험을 거듭하여 1880년 텅스텐 필라멘트로 실용적인 백열등을 만들어 에디슨 전등회사를 차리게 되었다고 합니다. "천재는 1%의 영감과 99%의 땀으로 된다"라고 고백한 말을 통해 인내를 온전히 이룬 발명가를 봅니다.

우리는 많은 시험을 당합니다. 그리고 그것을 이기는 것은 인내입니다. 그러나 인내는 쉬 꺾입니다. 우리는 인내가 신앙을 성숙하게 하도록 인내를 온전히 이루어야 하겠습니다. (2009.01.25.)

32

하나님의 뜻을 아는 기쁨

> 내 형제들아 너희가 여러 가지 시험을 당하거든 온전히 기쁘게 여기라
>
> -약 1:2-

저는 1980년에 아들을 미국에 데려와 유학시키려다가 두 번이나 실패했습니다. 그때 저는 박사학위 과정을 마치고 논문만 남겨 두고 미국의 시골 대학에서 전임으로 근무하고 있을 때였습니다. 2, 3년이면 학위를 마치고 귀국할 수 있으리라 생각하고 유학을 왔었는데 6년이 되기까지 마치지 못하고 있었습니다. 그동안 고학생의 고초는 말할 수도 없었지만, 고등학교에 다니던 두 아들을 떼어놓고 대학을 졸업할 때가 되기까지 만나보지 못한 것이 너무 안타까웠습니다. 그래서 학생 비자로 데려와서 제가 근무하고 있는 대학에 다니게 하고 싶었는데 미 대사관에서 거절한 것이었습니다. 다시 제가 근무하는 대학의 총장과 제가 거주하는 주 상원의원 탄원서를 주한 미국대사관에 보냈는데도 전혀 효과가 없었습니다. 그렇게 두 번이나 거절을 당하면 다시는 비자를 시도할 수 없다는 것이었습니다. 하나님께서 막으신 것이지요. 유일하게 제가 의지하

고 사랑하던 하나님께서 저를 치신 것은 너무 큰 상처였습니다. 이 내적 갈등은 당시 제가 당면한 큰 시험이었습니다. 저는 하나님을 이길 힘도 없었고 다만 쓴 물을 삼키고 몇 년을 지낼 뿐이었습니다. 그러나 여러 해 뒤 그들은 대학을 졸업한 뒤 영주권자로 미국에 오게 되었습니다. 훨씬 쉽게 훌륭한 대학원에 가게 되었습니다. 저는 그때 가서야 나를 향하신 하나님의 마음을 읽게 되었습니다.

시험은 극복할 수 있습니다. 극복할 수 있다고 생각하는 순간부터 시험은 더 시험이 아닙니다. 그리고 그 시험을 극복하고 나면 드디어 나를 향하신 하나님의 마음을 알고 감사하게 됩니다. 시험은 하나님의 마음을 알아가는 관문입니다. 괴로워할 이유가 없습니다. 또 나에게 하나님의 마음을 알게 하시려고 시험을 주시는구나 생각하고 기뻐해야 한다고 생각합니다.

파선해서 한 무인도에 표류한 탐험가는 자기를 구해 달라고 격렬히 기도했습니다. 아무 가망이 없자 나무를 모아 오두막을 하나 짓고 매일 바닷가에 나가 지나가는 배가 있는지 살폈지만, 아무것도 발견하지 못했습니다. 하루는 먹고 살기 위해 고기를 낚으려고 해변에 갔다가 돌아오는 길에 자기의 유일한 오두막에 불이 나서 하늘 높이 불꽃이 오르는 것을 보았습니다. 그는 낚싯대를 땅에 던지며 "하나님, 왜 나에게 이러십니까?" 하고 하나님을 원망했습니다. 그런데 다음 날 아침에 무인도 옆을 지나던 한 배가 전날 저녁 피어오른 연기를 보고 섬으로 다가오는 것이 보였습니다.

고난은 하나님의 마음을 읽게 하기 위한 신호입니다. (2009.03.02.)

33

값싼 구원

> 너희가 순종하는 자식처럼 전에 알지 못할 때에 따르던 너희 사욕을 본받지 말고/오직 너희를 부르신 거룩한 이처럼 너희도 모든 행실에 거룩한 자가 되라
>
> -벧전 1:14~15-

저는 나이가 80에 가까워지니 건망증이 더 심해지는 것 같습니다. 주일에 교회에 가면서 마누라 태우고 가야 한다는 생각만 하고 성경책이 들어 있는 가방을 들지도 않고 나오다가 되돌아간 일이 있습니다. 영양분이 있는 음식물을 입으로 씹기만 하고 삼키지 않으면 몸에 무슨 유익이 있습니까? 서로 나눌 성경 말씀을 일주일 내내 준비했다 할지라도 교안을 가방 속에 넣어두고 집에다 놓고 가면 그것이 말씀 나눔에 무슨 유익이 있겠습니까? 교안을 제대로 이용하지도 못하니 무익한 일입니다. 특히 저는 야고보서 2장의 "행함이 없는 믿음은 죽은 것"이라는 내용을 묵상하면서 나는 무엇을 행하고 있는지 돌아보고 있습니다. 예수를 믿고 구원을 얻었는데 행함이 없으니 믿음이 헛것이 아닌가 하고 괴로울 때가

있습니다. 그래서 여러 가지로 따져서 제가 궁색하게 찾은 행함은 교회에 출석한다는 것이었습니다. 믿음이 있다 하고 교회에 안 나간다면 하나님께서 기뻐하지 않으실 것이 분명합니다. 또 찾았습니다. 성경을 묵상하는 것입니다. 교회를 위해서, 그리고 세계 선교를 위해서 큰일을 행하는 사람과 제 일을 비교하면 상대가 안 되겠지만 제가 하는 이 작은 일도 다른 큰일에 못지않게 하나님께서는 기뻐하실 것이라는 생각을 합니다. 이런 작은 행함일지라도 주께 순종하고 살고 있으면 "행함 없는 믿음을 내게 보이라"고 야고보 장로가 꾸중하지 않을 것 같은 생각을 합니다. 그러나 구원받은 내가 행함이라는 강박관념에서 해방되었으면 좋겠다는 생각을 자주 하기도 합니다. 그러면서 어느 날, 몇 시에 구원을 받고 율법에서 자유로워졌다고 말하는 성도가 부러운 때도 있습니다. "당신은 죄인이라는 것을 믿습니까?" "예"/ "당신은 예수 그리스도가 구세주이며 하나님의 아들임을 믿습니까?" "예"/ "당신은 주가 십자가에 피 흘리고 돌아가심으로 죄인이 은혜로 구원받은 것을 믿습니까?" "예"/ "나를 따라 기도함으로 신앙을 고백합시다" "이제 당신은 구원을 받았습니다. 아무도 정죄하지 않을 것입니다"

이렇게 해서 몇 분 만에 탄생한 새 신자가 그들은 은혜로 구원을 받았으니 의롭게 되는 것은 행위에 있지 않고 믿음으로 되었다고 당당히 말하며 예수가 십자가에 돌아가심으로 율법의 멍에에서 자유롭게 되었는데 무엇이 부족해서 예수님이 지신 십자가에 나의 어떤 행위를 더해야 구원을 받는다고 말하느냐고 말로만 자기가 구원을 받았다고 주장하면 그것은 값싼 구원이 아닐까 하는 생각을 하게 됩니다. 십자가는 아무것도 안 해도 된다는 면책권을 주는 대신, 십자가에서 죽기까지 사랑하신 주님의 사랑이 그분을 따라 모든 행실을 거룩하게 하도록 우리를 강권하는 능력을 주는 것으로 생각합니다. 우리 기독교인들은 말만 무성하고 구원받은 자에 합당한 행위가 없는 사람들입니다. (2009.03.09.)

사랑의 빛

> 피차 사랑의 빛 외에는 아무에게든지 아무 빛도 지지 말라 남을 사랑하는 자는 율법을 다 이루었느니라
>
> -롬 13:8-

빚은 반드시 갚아야 합니다. 그러나 우리는 다른 사람을 사랑해야 할 빚이 너무 많으므로 아무리 해도 다 갚을 수가 없습니다. 하나님께서 너무 많은 사랑을 퍼부어 주셨기 때문에 아무리 서로 사랑해도 그 사랑의 빚은 다 갚을 수가 없습니다. 이렇게 사랑이 시작되면 그 안에서 율법은 완성된다고 바울은 말하고 있습니다. 저는 이 구절을 읽고 있으면 얼굴이 화끈거리는 너무나 부끄러운 체험이 떠오릅니다.

1967년 하와이에서 동서문화센터 지원으로 연수를 마치고 미 본토의 미시간대학에서 여름학기 공부를 할 때였습니다. 컴퓨터 프로그래밍 과목을 마치고 귀국할 때였는데 동서문화센터에서 교육의 일환으로 본토에 보내진 학생들이 과정을 마치고 마지막 미국

본토 여행을 마치고 본국에 귀국하기 전 각자 여행지로 떠날 때 학교에서 같은 방향으로 여행하는 사람들을 묶어 차를 함께 타는 일을 주선해 주었습니다. 저는 미국이 처음 여행이고 나이아가라 폭포는 꼭 보고 싶어서 나이아가라 국제공항에서 뉴욕으로 가는 비행기 표를 예약해 놓았었습니다. 거기서 뉴욕, 하와이를 거쳐 귀국할 예정이었습니다. 나와 같이 운전하고 갈 친구는 나보다 훨씬 연상이었고 뉴욕주에서 거주하는 고등학교 교사였습니다. 차를 동승하면 운전을 번갈아 하든지, 기름값을 부담하든지, 간식도 사고 즐거운 대화도 하곤 해야 하는데 저는 그런 상식이 전혀 없었습니다. 자기가 가는 길에 나를 좀 태워 주는 것으로 생각한 것이지요. 미시간에서 뉴욕으로 가기 위해서는 캐나다를 가로질러 가면 훨씬 가까운데 제가 복수여권을 가지고 있지 않기 때문에 미국 영토 쪽으로만 가자고 했습니다. 지금 생각하니 그는 편리한 69번 선을 눈앞에 두고도 에리 호수 남쪽으로 돌아 클리블랜드를 통과해서 나이아가라 폭포가 있는 버펄로 쪽으로 갔던 것 같습니다. 도중에 그는 가스를 넣었는데 저는 가스값도 내주지 않고 묵묵히 그냥 앉아서 무임승차로 그를 나를 데려다주는 기사로 생각했던 것입니다. 운전도 할 줄 몰랐고 이야기도 재미있게 할 만큼 영어를 잘하지도 못했습니다. 버펄로에 다 왔다고 했을 때도 저는 그가 곧바로 90번 선을 타고 가는 것을 방해하고 폭포 근처에 좀 내려 달라고 했습니다. 지금 그 일을 생각하니 너무 얼굴이 화끈거립니다. 이름이라도 알고 있다면 이제라도 웹 사이트에서 '사람 찾기'를 통해 수

소문해 보겠는데 그것도 불가능하고 또 지금까지 살고 있는지도 모르는 일입니다. 그분은 하나님께 입은 사랑의 빚을 갚았지만 저는 하나님의 사랑에 그분의 사랑까지 합해서 더 무거운 사랑의 빚을 졌습니다. 지금도 할 수만 있으면 동승을 하지만 이웃 사랑하기를 더욱 힘써야겠다고 생각합니다. (2009.03.16.)

35

신혼여행

> 그러므로 그들을 본받지 말라 구하기 전에 너희에게 있어야 할 것
> 을 하나님 너희 아버지께서 아시느니라
>
> -마 6:8-

주께서는 우리가 기도할 때 그들(외식하는 자와 중언부언하는 이방인)을 본받지 말라고 말씀하셨습니다. 말이 많고 간절함이 없는 기도보다는 오히려 간절함이 있고 말이 없는 기도를 드리라고 말씀하신 것입니다. 아니 간절한 마음만 있으면 말이 없어도 그 구하는 것을 구하기 전에 이미 알고 계신다고 말씀하십니다. 우리의 아무리 사소한 것이라도 주께서는 큰 사랑으로 응답하시며 우리의 아무리 어려운 일이라도 주께서는 큰 능력으로 응답해 주시는 신실한 분이십니다.

저는 1959년 3월 26일 결혼을 했습니다. 너무도 가난하고 없을 때 결혼했기 때문에 신혼여행은 엄두도 못 내고 부엌을 사이에 두고 방 두 개가 나란히 있는 셋방에서 신혼살림을 시작했습니다. 중학교와 고등학교에 다니는 동생을 데리고 있기 위해서였습니다. 그래도 결혼하는 날은 하나님께서 좋은 날씨를 주셔서 벚꽃이 활짝 피었었는데 그때 이후로 3월 말에 벚꽃이 핀 적을 본 기억이 별로 없습니다. 제가 가정교사로 있던 집의 아주머니가 선물을 사 들고 내가 어떻게 사는지 보러 집에 왔을 때 저는 볼품없는 신혼생활 때문에 얼굴이 화끈거렸었습니다. 그러나 아내는 조금도 불만이 없었으며 제가 직장에서 돌아오면 더운물을 준비해서 제 발을 씻어 주었습니다. 좀 나아지면 꼭 못 데려간 신혼여행보다 더 나은 여행을 시켜 주리라 하는 것이 제 소원이었습니다. 그러나 몇 년이 지나도 생활은 더 나아진 적이 없었습니다.

세 아들이 이제는 미국에서 교육을 마치고 직장을 가지고 그곳에서 살게 되었습니다. 그래서 거의 매년 애들을 만나러 미국에 가게 되었는데 갈 때마다 일주일 혹은 열흘씩 미국 내 여행을 했습니다. 그래서 지금은 동부, 서부, 중부, 어느 한 곳 안 가본 곳이 없으며 멕시코부터 북쪽 캐나다의 북대서양 연해 3주까지 둘이서 차를 빌려 여행했습니다. 결혼한 지 30년도 지나서 그때부터 매년 구혼 여행을 한 것입니다. 저는 기도도 소리 내어서 하지 않았고 그때의 안타까움을 다 잊고 있었는데 이 하찮은 신혼여행의 꿈을 신실한 하나님께서는 기억하시고 응답해 주신 것입니다. 이렇게 신실한 하나님께 저는 무슨 일을 해야 할까요? 그러나 이 주제넘은 제 질문에 예수님은 "하나님께서 보내신 이를 믿는 것이 하나님의 일(하나님이 원하시는 일)"(요 6:29)이라고 말씀하십니다. 주께서 내 안에 오셔서 저와 더불어 먹고 저도 주와 더불어 먹고 사는 깊은 관계 속에 계속 살고 싶다고 다짐합니다. (2009.03.29.)

36

돈이 웬수여!

> 내일 일을 너희가 알지 못하는도다 너희 생명이 무엇이냐 너희는 잠깐 보이다가 없어지는 안개니라
>
> -약 4:14-

2009년에 아라비아반도 남단에 있는 예멘에서 자살 폭탄 테러가 일어나 우리나라 관광객 4명이 숨졌습니다. 그중 한 사람이 제 아내 친구의 동생입니다. 아내의 친구는 미국에 이주해 살고 있는데 국제전화를 해서 한국의 아내에게 한 첫마디가 "돈이 웬수여!"라는 말이었습니다. 돈만 없었어도 495만 원이나 하는 예멘의 패키지여행을 떠나지 않았을 것이라는 말이었습니다. 친구의 동생은 입담이 좋아 여행하는 친구마다 그를 일행에 끼워 넣고 싶어 늘 권유해서 세계를 안 가본 곳이 없이 다녔다는 것입니다.

"경치가 좋으면 뭐하냐? 그 '시밤'이라는 곳이 유네스코 세계문화유적지로 등재된 도시라는데 그래 천당같이 황홀한 곳이라도 하나님도 없는 곳에 가서 무슨 영광을 보겠다고 개죽음을 하냐?"

"그렇게 좋은 곳이래?"

"그렇단다. 진흙으로 된 고대 흙벽돌 고층건물인데 사막 위의 맨해튼이라는 이름이 붙었다지 뭐냐? 거기 일몰이 너무 아름다워서 일몰과 건물 조망을 한 번 더 보려고 전망장소로 올라갔다가 죽었다지 뭐냐?"

인간은 내일 일을 알지 못합니다. 아니, 오늘 일도 한 치 앞을 내다볼 수 없습니다. 그러면서 미래의 인생 여정을 설계합니다. 그는 크고 좋은 새집으로 이사해놓고 앞으로의 꿈도 컸을 텐데 여행을 가서 죽은 것입니다. 돈이 정말 원수입니다. 돈만 있으면 무엇이나 할 수 있다고 허탄한 생각을 하고 산 것이 잘못입니다. 하나님보다는 돈을 더 믿고 산 것입니다. 예멘은 여행 제한지구였는데도 '간다고 다 죽느냐?'고 자기 의욕이 앞섰습니다. 하나님을 두려워하는 것보다 돈이 주는 쾌락이 눈앞에 있었습니다. 결국, 자기는 눈을 뜨고 있다고 생각했는데 한 치 앞도 보지 못하고 흑암 속을 장님처럼 길을 더듬어 살아가고 있었던 것입니다. 믿음이 오기 전에 제 삶이 그랬습니다. 그러나 믿음이 온 뒤로는 서서히 제 앞에 광명이 비쳐 오는 것을 깨달았습니다. 제가 멸망치 않고 영생을 얻도록 예수님께서는 저에게 지금까지 보지 못했던 새로운 세상을 눈을 열어 보게 하셨습니다. 그분이 제 안에 성령으로 오셔서 저에게 참 생명을 누리고 살게 하시며 더 풍성히 누리고 살게 하고 계심을 시시로 깨닫게 되었습니다. 그래서 저는 내일 일을 모르지만 아무렇게나 살지 않고 미래를 설계합니다. 그러나 제가 마음으로 제 길을 계획할지라도 그 걸음을 인도하시는 이는 주님이심을 겸손히 인정하고 오만하지 않은 자세로 어떤 결과가 오든 주님이 이끄시는 삶을 살려고 합니다. 그러나 저는 곤고한 사람입니다. 주님의 손에 저를 온전히 맡기지 못하는 자신을 늘 보고 한탄하며 살고 있습니다. (2009.03.30.)

37

나 같으면 그런 짓 안 하겠다

> 여호와 하나님이 땅의 흙으로 사람을 지으시고 생기를 그 코에 불
> 어넣으시니 사람이 생령이 되니라
>
> -창 2:7-

저는 1973년 쉰 살의 나이로 미국으로 학위 과정을 떠났습니다. 이때 다른 동료들은 다 '나 같으면 그런 짓 안 하겠다'라고 말하며 말렸습니다. 대학에 있을 때였기 때문에 그 나이는 다 보직을 맡아 거드름을 피울 때였습니다. 기억력도 떨어지고 체력도 달리며 또 부모를 모셔야 하고 자녀를 양육해야 하는데 어떻게 그럴 수가 있느냐는 것이었습니다. 그런데 무식하면 용감하다고 그곳이 어떤 곳인지도 모르고 정처 없이 떠났다가 1982년, 9년 만에 학위를 하고 돌아왔습니다. 물론 그동안 2년간은 대학에서 전임강사로 일했지만 가난한 고학 생활을 했습니다. 큰딸과 막내아들은 저와 함께 살았지만 두 아들은 부모 없이 조부모 밑에서 외로운 삶을 살아야 했습니다. 제가 공부하고 있는 동안 아버지는 병환으로 돌아가시고 어머니 홀로 애들을 돌보고 계셨는데 귀국한 뒤 과연 잘한 짓이

었을까 하는 생각을 하게 되었습니다. 저는 겨우 귀국할 여비를 가지고 돌아왔는데 동료들은 다 그럴싸한 자리에서 부유한 삶을 즐기고 있었습니다. 대학교수의 보수도 많아져서 여유 있는 돈으로 주변의 땅도 사고 여가생활도 즐기며 저와는 딴 세상에 사는 사람들처럼 되어 있었습니다. 학위를 받았다고 삶에 더 나아진 것도 아니었습니다.

고학하던 유학 시절을 돌아보았습니다. 처음 저는 제가 선택한 고난이었다고 생각했습니다. 그러나 잘 생각해 보면 제가 선택한 길이 아니고 하나님께서 저에게 주신 시련의 기간이었습니다. 중도에 몇 번이나 포기하고 싶었으나 동료들이 부끄러워 중간에 그만두고 돌아올 수가 없었습니다. 아내를 미국으로 초청하고 싶은데 미국에 있는 한인들은 유학생의 재정보증을 서 주지 않았습니다. 그래서 교회의 목사님이 8시간이나 걸리는 먼 거리를 달려 미국 사람에게 재정보증을 해 받으러 갔습니다. 그 미국인은 부자였지만 아쉬울 것이 없어 서류를 보내주지 않았기 때문이었습니다. 이사할 때는 이사 샤워라고 생필품으로 이웃이 저를 도와주었습니다. 먼 곳까지 가서 말안장 밑에 두르는 띠를 만드는 재료를 가져와서 노동하던 때도 기억했습니다. 한인들이 잘하는 봉제 회사의 일감도 가져와 만들었습니다. 너무 힘들어 교회에서 대표기도를 할 때는 안타까운 사정을 하나님께 아뢸 때 눈물이 나는 것을 감당하지 못했습니다. 그때는 공순이로 일하던 교인들도 저와 같이 울었습니다. 그러는 동안 저는 제 안에 하나님께서 오셔서 동행하시는 것을 느꼈습니다.

하나님께서 사람을 지으시고 생기를 그 코에 불어넣으시니 사람이 생령이 되었다고 하셨는데 지금까지 저는 육체는 살아 있으나 영이 잠들어 있었던 것 같습니다. 그런데 그 영이 살아나 하나님은 고난 가운데서 저와 동행하고 계시는 것을 깨달은 것입니다. 제가 미국으로 가겠다고 고집한 것이 아니고 하나님께서 제 영을 깨우기 위해 그렇게 하신 것입니다. (2009.04.27.)

38

용서 받는 기쁨

> 사랑은 이웃에게 악을 행하지 아니하나니 그러므로 사랑은 율법의
> 완성이니라
>
> -롬 13:10-

　사랑은 이웃에게 상처(해)를 입히지 않는다고 성경은 말하고 있
습니다. 그러나 저는 제 딸이 대학에 다닐 때 큰 상처를 주었습니
다. 사랑은 입으로, 눈으로 전해진다고 합니다. 그런데 저는 사랑
의 표현이 매우 서툰 편입니다. 미국에서는 안아주면서 '사랑해' 또
는 '보고 싶었다' 이렇게 신체접촉으로 사랑을 전하며 눈으로는 사
랑을 확인합니다. 그런데 저는 무뚝뚝한 한국 남자입니다. 딸을 사
랑한다고 말하면서 한순간은 증오하고 있었던 것 같습니다. 그녀
는 제가 조교로 있는 수학과에서 장학생으로 수학을 전공하고 있
을 때였습니다. 갑자기 수학이 싫고 미술을 하고 싶다고 말했던 것
입니다. 자기 의견을 말한 것인데 왜 제가 참지 못하고 불같이 화
를 냈는지 알 수가 없습니다. 그때 저는 학위 과정에 있었고 한국
에 두 대학생인 아들을 두고 이곳에서 중학교에 들어간 아들과 대

학에 다니는 딸을 부양하는 중이었는데 딸은 수학과 조교로 있는 아버지와 같은 과에 다니기 때문에 장학금을 받고 다니는 처지였습니다. 그런데 갑자기 미술을 하겠다니 그녀 등록금을 낼 부담 때문에 그렇게 화를 낸 것 같았습니다. 교회에 가는 차 속에서였는데 갑자기 치솟는 분노 때문에 지금도 그때 무슨 말을 했는지 기억이 나지 않습니다. 아마 학위 과정은 빨리 끝나지 않고 재정적인 압박감이 심해 늘 암울한 미래가 마음을 괴롭히고 있었던 것 같습니다. 그러나 제 형편을 자세히 설명했으면 충분히 이해할 만큼 이해력이 있는 딸이었습니다. 너무 화를 냈기 때문에 그녀는 새파랗게 질려 아무 말도 하지 못했습니다.

얼마 전 저희는 결혼 50주년을 맞아 온 가족이 한 집을 빌려 어린애들까지 2박 3일을 즐겁게 지낸 일이 있습니다. 두 사람이 시작한 결혼 생활이 20명의 가족으로 늘어난 것을 생각할 때 놀라워 하나님께 감사했습니다. 또 후세들이 서로 뒤엉켜 노는 모습이 사랑스러웠습니다. 그때 아버지에 대해 회상을 하는 시간을 가졌습니다. 많은 이야기가 있었지만, 아버지와 오래 살아본 경험이 없다. 무서웠다. …… 그런 이야기가 마음에 와닿았습니다. 다 맞는 말이었습니다. 저는 제 공부를 한다고 결혼 생활 50년에 13년 반을 애들과 헤어져서 살았으며 현재는 한국과 미국으로 27년 가까이 헤어져 살고 있기 때문입니다. 그때 저는 가슴에 맺혔던 말을 하였습니다. 딸에게 상처를 준 것이 너무 미안했다고 사과했습니다. 그런데 딸은 너무 시원스럽게 용서해 주었습니다.

"그때는 왜 그렇게 미술이 하고 싶었는지. 지금은 미술보다는 차라리 상담학 쪽을 하고 싶어요"

얼마 동안 큰 상처로 남아서 나를 증오했을 텐데 아마 지금은 옛날의 엄한 모습은 없어지고 힘이 없어져 불쌍한 생각이 들어서 그랬을까요? 아무튼, 저는 눌렸던 오랜 짐에서 벗어나 후련한 기분이었습니다. 지금까지 제 마음대로 살아서 하나님께는 더 많은 아픔을 드렸습니다. 그것도 고백하고 나면 다 그분은 용서해 주시리라 생각하니 너무 기뻤습니다. (2009.06.15.)

하나님은 내 기도를 들으셨는가

> 아무것도 염려하지 말고 다만 모든 일에 기도와 간구로, 너희 구할
> 것을 감사함으로 하나님께 아뢰라/ 그리하면 모든 지각에 뛰어난 하
> 나님의 평강이 그리스도 예수 안에서 너희 마음과 생각을 지키시리라
>
> -빌 4:6~7-

비가 심하게 오는 날 밤이었습니다. 딸에게서 전화가 왔는데 급히 기도 좀 해 달라는 것이었습니다. 미국에서 데려온 제 손녀(막내아들의 딸)가 수영장에 갔는데, 돌아오지 않는다는 것입니다. 한국의 경쟁심을 잘 깨닫게 한 뒤 돌려보내겠다고 데려온 애인데 험한 세상에 서울까지 데려와서 길을 잃게 하면 어떻게 하느냐는 것이었습니다. 그 애는 13살인데 한국말을 할 줄 모릅니다. 수영장에 데려다주고 사촌 언니가 끝날 무렵 데리러 갔는데 벌써 어디로 사라지고 없다는 것이었습니다. 우리 부부는 너무 놀라서 몸이 떨렸습니다. 딸 내외는 며칠 전에 이사했으며 거기까지 찾아가기는 너무 먼 거리였기 때문이었습니다. 아내는 우리만 기도할 게 아니라 미국에 있는 막내아들 내외에게도 알려야 하는 것이 아니냐고 말

했습니다. 그러나 그것은 어쩌지도 못하는 아들 내외를 너무 놀라게 하는 것이라고 우리만 기도하자고 했습니다. 간절히 기도하고 떨리는 마음으로 그 애의 사촌 언니에게 전화를 해보았습니다. 그런데 사촌 언니는 이제는 찾기를 포기하고 집으로 돌아오는 전철 속에 있다는 것이었습니다. 그러면서 무사히 돌아올 것인데 너무 염려하지 말라고 했습니다. 하루 전에 수영장에 갔다가 돌아오는 것을 다 익히고 있었다고 말했습니다. 그리고 종착역에 자기 사촌 오빠를 내보냈기 때문에 거기서 만날 수 있을 거라고 태연히 말했습니다. 너무나 평화스러운 외손녀의 말 때문에 어른들이 부끄럽기도 했습니다. 그러나 그 애는 한국을 처음 온, 한국말을 할 줄 모르는 소녀라는 것이 걱정되었던 것입니다.

한 시간도 못 되어 무사히 찾았다는 전화를 받았습니다. 우리는 안도의 숨을 쉬었고 아내는 하나님께서 기도를 들어주신 것이 감사해서 또 기도했습니다. 저는 한순간 정말 하나님께서 제 기도를 들어 주셨을까? 하고 생각했습니다. 그 애가 전철역을 잘 찾아가고, 옳은 방향의 차를 타며, 어김없이 환승을 잘해서 목적하는 역까지 잘 가게 해주시도록 하나님께 기도했는데 이것은 기도가 아니라 내 뜻이 있어서 하나님께 심부름을 시킨 것이 아닌가 하는 생각이 들었기 때문이었습니다. 하나님께서는 이런 내 기도를 들어주신 것이 아닐 거라고 말했더니 아내는 "믿고 구하는 것은 다 주신다"라고 했는데 무슨 소리냐고 말했습니다. 저는 기도란 성령을 통해 하나님의 마음을 알고 제 주장을 죽이고 하나님의 뜻에 저를 맡기는 것이 되어야 하는데 제가 살아서 제 정욕으로 구하면 들어 주시지 않는다고 말했습니다. 시험 잘 보게 해 달라, 등록금 좀 만들어 달라, 아들 취직 시켜 달라 …… 이런 식으로 달라는 것 빼고는 내용이 별로 없는 기도가 어떻게 기도가 되겠냐고 말했습니다. 기도란 자신의 간구뿐 아니라 우리를 사랑하시는 하나님이 어떤 분인가를 알아서 제 욕심을 그분의 뜻에 양보하는 과정인데 주님께서 제 소녀를 잘 인도해 돌아오게 해 주신 것입니다.

(2009.08.10.)

40

부끄러운 겉치레

> 나는 자비를 원하고 제사를 원치 않으며 불로 태워 바치는 번제보
> 다 나를 아는 것을 원한다.
>
> -(현대인의 성경) 호 6:6-

　호세아는 제사만 중히 여기는 이스라엘을 향하여 "이스라엘아,
내가 너를 어떻게 할까? 유다야, 내가 너를 어떻게 할까?"(호 6:4)라
고 하나님의 말씀으로 한탄하면서 "불로 태워 바치는 번제보다 나
를 아는 것을 원한다"(호 6:6)라고 했습니다.

　저는 이렇게 형식만을 지키고 하나님을 두려워하지 않는 기독교
인을 싫어하는 선교사 한 분을 압니다. 그분은 한남대학에 재직하
면서 학생들을 전도하고 성경 말씀을 가르쳐 참 하나님을 알게 했
던 분입니다. 이분의 한국명은 계의돈입니다. 이분이 1972년 숭전
대학의 대전 캠퍼스 문리대 학장 때였습니다. 그 당시는 고등학교
졸업반 교사가 대학 입학원서를 써 줄 때 대학에서는 무료로 받은
입학원서를 써주면서 원서 대금은 학생들에게 받아 원서를 낸 학
생의 담임교사가 착복하는 관례가 있었습니다. 어느 대학이나 이

런 방법으로 더 많은 입학지원자를 유치하고 있었습니다. 그런데 이분은 기독교 대학에서, 있을 수 없는 부정한 짓이라고 거부했습니다. 모든 교수가 이것 때문에 지원자가 줄어지면 어떻게 하느냐면서 한국은 미국이 아니라고 항의했습니다. 고등학교 교사가 무슨 일을 하든 그것은 그들에게 맡기고 입학원서는 무가지(無價紙)로 다 주라는 것이었습니다. 그 학장은 무가지를 고등학교에 주는 것은 동의했지만 대신 고무인으로 '이 원서는 무료입니다'라고 찍어서 배부했습니다. 그는 학장을 하는 것보다, 학생들에게 하늘나라의 복음을 전하는 일에 전념했습니다. 그가 퇴직하고 떠날 때 사비로 미국에서 구매했던 모든 책과 영사기와 비디오 자료들을 대학에 기증하고 떠나면서 그는 자기가 하던 일을 제대로 맡을 사람이 없을 때는 창조과학회나 신학교로 다 기증하고 떠나겠다고 말했습니다. 교목실은 믿는 학교라는 것을 과시할 뿐 말씀을 제대로 가르치고 전하는 일을 하지 않는다고 생각하고 있었던 것입니다. 대학은 교목실과는 독립된 기관으로 '개인전도 훈련부'라는 것을 만들어 운영하겠다고 약속하고 그 기구를 인수했습니다. 20여 년이 지나자 지금은 교목실에 '괴테 홀'이라는 것을 만들어 격주로 교수들이 수요일 새벽에 성경공부를 하는 곳으로 변했습니다. 그리고 그 홀에는 계 박사가 활동했던 당시의 사진을 전시해 놓았습니다.

한번은 계 박사 밑에서 그의 조교로 일했던 분이 이곳을 방문하고 옛날을 그리며 벽에 붙은 사진을 찍어 계 박사에게 전자메일로 보내면서 그분의 전기를 써서 후세에 본으로 남기고 싶다고 말했습니다. 그런데 다음이 그분의 답이었습니다.

"벽에 붙은 사진은 없애도록 하시오. 예수님 외에 왜 내 사진이 거기에 있어야 합니까? 전기는 쓰는 것을 포기하시오. 그럴 시간과 정력과 재력이 있으면 말씀을 가르치는 일과 전하는 일에 힘쓰도록 하시오"

우리는 지금도 남에게 잘 보이면 된다고 생각하며 사는 사람들입니다. 제사만 중히 여기고 하나님을 아는 일은 소홀히 하는 그 때 사람들과 같습니다. (2009.11.02.)

41

오래 걸리는 사역은 없다

> 그때 대제사장 엘리아십이 그의 동료 제사장들과 함께 먼저 양문을 세워 봉헌하고 문짝을 달았다. 그런 다음 그들은 함메아 망대와 하나넬 망대까지 성벽을 쌓아 봉헌하였다./그리고 여리고 사람들은 성벽의 그 다음 부분을 건축하고 이므리의 아들 삭굴은 그 다음 부분을 건축하였다.
>
> -느 3:1~2-

솔로몬 성전은 BC 586년에 바벨론의 예루살렘 함락과 함께 완전히 훼파되었습니다. 그러나 하나님의 섭리대로 바벨론에 포로로 잡혀갔던 스룹바벨이 바사왕 고레스의 호의로 귀환하여 성전에 훼파된 지 70년이 된 BC 516년에 제2 성전을 완공했습니다. 그리고 BC 444년 느헤미야가 성전 외각을 두르는 성벽공사를 마쳤습니다. 이 성벽은 다윗 시대의 예루살렘 성벽보다 확장된 것이었다고 합니다.

이웃 적들의 비난과 방해 가운데 성벽을 건축하는 것이 어찌 쉬운 일이었겠습니까? 어쩌면 몇 년 이상 걸리는 공사였을지도 모릅니다. 그러나 느헤미야에겐 끝이 안 보이는 긴 사역은 없었습니다.

오직 연속되는 짧은 사역이 있을 뿐이었습니다. 느헤미야 3장에 보면 '다음은'이라는 말이 29번이나 나옵니다. 대제사장 엘리아십이 양문을 건축하고 함메아 망대에서 하나넬 망대까지 건축하였습니다. '다음은' 여리고 사람들이 건축하였습니다. '다음은' ……, 매일매일 이런 짧은 사역에 최선을 다했습니다. 적들이 쳐들어올 때는 "짐꾼들은 한 손으로 일을 하고 한 손에는 무기를 잡았으며"(느 4:16) 이렇게 성실한 하루하루의 사역이 계속되어 52일 만에 드디어 성벽을 완성하였습니다.

우리는 긴 기간 동안 어떤 일을 참고, 해낼 것을 생각하면 먼저 힘이 빠집니다. 제 아내는 내려가는 계단을 헛디뎌 넘어져서 손에 골절상을 입었습니다. 처음에는 붓지도 않고 크게 아프지도 않아 골절한지도 몰랐습니다. 그러나 병원에서 X-레이를 찍어본 결과는 골절이었습니다. 입원해서 하룻밤을 자고 다음 날 수술한 뒤 또 하룻밤을 지낸 뒤 퇴원하라는 것이었습니다. 수술을 안 할 수는 없느냐고 물었더니 뼈를 좀 맞춰보자고 말하며 손가락을 당기고 밀곤 해서 반 깁스하고 꽁꽁 묶어 놓았습니다. 일주일쯤 지나 다시 방사선 사진을 찍었는데 아무래도 수술을 해야겠다는 결론이었습니다. 그곳에는 마취 의사가 없다며 종합병원으로 보냈는데 입원수술이 싫다고 말했더니 그곳 의사는 입원할 것 없이 손가락 두 개만 마취하고 바로 수술하자는 것이었습니다. 너무 기뻐서 그렇게 하라고 허락했는데 수술하면서 핀을 두 개나 꽂아 뼈를 고정했습니다. 그러면서 골절편을 만족할 만한 위치로 정착하여 융합

하는데 적어도 6주는 걸릴 것이라고 했습니다. 6주! 6주 동안을 오른손을 깁스하고 사려면 음식은 누가 준비하며, 어떻게 밥은 먹으며, 머리는 어떻게 감을 것인지 아내는 그것이 걱정이었습니다. 6주를 생각하면 너무 긴 시간이었지만 우리는 한 주 한 주를 하나님께서 넘어질 때 안아주서서 골반이나 대퇴골이 나가지 않은 것을 감사하며 성실하게 살아갔습니다. 저는 쌀도 씻고, 설거지도 하고, 당근이나 토란도 벗기고, 계란찜도 하고, 호박죽까지 끓이며 늙어서 아내와 소꿉장난하듯 주방에서 사이좋게 6주를 지냈습니다. 저는 느헤미야의 성벽 건축을 읽으면서 오래 가는 인내는 없으며 계속되는 짧은 인내가 있을 뿐이라는 것을 새삼 느꼈습니다. (2009.11.16.)

42

한 몸이 되는 비밀

그래서 성경에는 '사람이 부모를 떠나 자기 아내와 합하여 두 사람이 한 몸이 될 것이다.'라고 했습니다./여기에는 깊은 뜻이 있습니다. 나는 그리스도와 교회와의 관계를 두고 말하는 것입니다.

-엡 5:31~32-

제가 1963년 1월 16일에 일기장에 쓴 글에는 다음과 같은 내용이 있습니다.

(세 어린애의 아버지가 되어 나는 대학생으로 편입하고 아내는 애들과 함께 시골 부모님께 맡겨질 때)

세상을 온통 흰 눈으로 뒤덮고 당신을 그곳으로 내모는 하나님의 뜻이 무엇인지 모르겠습니다. 당신을 이토록 고통스럽게 하는 것은 하나님을 빙자한 내 사사로운 욕심이 아닌지 모르겠다고 스스로 자책하기도 합니다. 광야로 가는 것은 당신이나 나나 마찬가지이지만 내가 가는 곳은 내가 기뻐서 택했고 당신이 가는 곳은 순수하게 순종의 길이라고 생각할 때 괴로웠습니다. 그러나 어제

그 눈이 우리의 장래를 축복하는 서설이기를 빕니다. ……당신을 떠나보낸 그 날 나는 아주 따뜻한 봄날이 찾아온 걸 꿈에 보았습니다. 노란 개나리들도 길가에 활짝 피어 있었는데 나는 당신을 하루만 기다리게 했어도 이렇게 따뜻한 날 갈 수 있게 했을 것을…… 하고 가슴 아파하다가 눈을 떴습니다. 꿈에서 깨어 하숙방에 덜렁 혼자 누워 있는 것을 발견했습니다. 나는 잠이 오지 않아 성경을 펴고 창세기를 읽다가 2장 21~23절에 이르렀습니다. 아내는 내 뼈 중의 뼈요 살 중의 살이라는 말입니다.

당신은 정말 내가 잠들었을 때, 코 흘리고, 울고, 미운 짓 한 모든 시기를 지나게 하시고, 나를 돕는 예쁘고 성숙한 배필로 하나님께서 만드신 내 뼈 중의 뼈요, 살 중의 살입니다. 왜 이제야 이 성경 말씀이 사무치게 와닿는지 모르겠습니다.

결혼한 지 50년이 되어 이제는 아내가 골절되어 오른손에 깁스하게 되었습니다. 밥도 할 수 없고 젓가락질도 할 수 없으며 반찬도 떠먹을 수가 없어 온전히 저에게 의지하게 된 아내를 보는 것은 또 다른 느낌이었습니다. 차에 태우고 안전띠를 매주며 문을 닫고 공주를 모시는 기사처럼 운전대에 앉았을 때 예수께서 교회를 사랑하시는 것이 이와 같겠다고 생각하였습니다. 그리스도께서 자기를 하나님께 희생 제물로 드리고 죄를 대속하여 사신 자기 백성들(교회)을 그분은 신부라고 부르며 사랑하셨습니다. 택하시고, 의롭다 하시고 말씀으로 깨끗게 하시고 거룩하고 흠이 없게 하셔서 영광스러운 교회로 세우려 하십니다. "내 살을 먹고 내 피를 마시는 자는 내 안에 거하는 자(요 6:56)"라고 말씀하시며 한 몸 되기를 원하십니다. 우리가 그리스도 안에 거할 때 우리는 그가 우리를 위해 예비하신 하늘나라의 유업을 다 물려 주기 위한 것임을 압니다. 또 그분이 우리 안에 계시는 것은 우리가 순간순간 주의 현존을 느끼게 하기 위해서인 것도 압니다. 한 몸이 되는 큰 비밀이 그리스도와 교회의 관계에까지 영적으로 승화되어 연결되어야 한다는 것을 결혼 후 50년 만에 저는 깨닫게 되었습니다. (2009.12.01.)

43

엄마가 좋으냐, 아빠가 좋으냐

> 부모들은 자녀의 감정을 건드려 화나게 하지 말고 주님의 훈계와
> 가르침으로 잘 기르십시오.
>
> -엡 6:4-

어린애가 말을 할 줄 알면 어른들은 흔히 "아빠가 좋아, 엄마가 좋아?"라는 질문을 합니다. 그러면 어린애는 당황해서 망설이다가 "다 좋아"라는 대답을 합니다. 정답입니다. 그럼 왜 물어보는 것일까요? 어린애는 천진난만하니까 정말 좋은 쪽, 한쪽을 골라 대답하리라고 생각해서 그 답을 따라 부모들이 반성하기 위해 그러는 것일까요? 어른들의 생각으로는 말 숯이 적은 아버지가 좋고 말 많은 어머니는 싫다고 대답하길 기대해서일까요? 아니면 무뚝뚝한 아버지보다는 잔정이 많은 어머니가 좋다는 대답을 기대해서일까요?

성경에는 자녀들의 양육에 어머니를 언급하지 않고 있습니다. "자녀들아 주 안에서 너희 부모에게 순종하라 이것이 옳으니라(엡 6:1)"라고 말한 뒤 "또 아비들아(부모가 아닌)……"이라고 말하며 어머니는 빼버립니다. 여자가 남자에게 났으며(고전 11:8), 여자의 머리는 남자요(고전 11:3)라고 말합니다. 또 성경에는 여자가 가르치는 것과 남자를 주관하는 것을 허락하지 않는다(딤전 2:12)고 쓰여 있습니다. 그러나 지금 저에게 "엄마가 좋으냐, 아빠가 좋으냐?"고 묻는다면 당연히 저도 엄마라고 대답하고 싶습니다. 세상의 모든 훌륭한 분들은 다 훌륭한 어머니 밑에서 교육을 받고 성장했기 때문입니다. 성경도 디모데의 신앙은 외조모 로이스와 어머니 유니게 속에 있었던 것이라고 말하고 있습니다. 그러나 어머니에게는 가르치지 말라고 말씀하신 성경 말씀은 맞는지도 모릅니다. 어머니는 가르치지 않고 애타게 사랑만 하시기 때문입니다. 저는 외국에 자녀들이 있는데 "잘 있냐? 건강하냐?"하고 말하면 더 할 말이 없습니다. 그러나 아내가 전화기를 붙들면 20, 30분은 보통 통화를 합니다. "요즘은 무얼 먹고 있니? 지금도 애들이 김치를 안 먹어? 학교에서 부반장이 되었다며? 친구들이 추천해서 그리되었어? 키 크는 약은 잘 먹이고 있니? 뭐? 옷 보내지 않아도 많이 있다고? 애들과 같이 스키 타러 갔다면서 찍은 사진 좀 메일로 보내라. 요즘 날마다 기도는 하지? 성경 묵상도 하고? ……" 저는 아내와 함께 오래오래 살고 있지 않았다면 자녀들과 인연이 진즉 소원해졌으리라는 생각을 합니다. 어머니와 어머니의 사랑이 필요한 때입니다. 우리가 실망하지 않고 또 우리가 잘못했을 때 깨닫게 해주는 것은 사랑입니다. 그런데 요즘 돈 때문에 어머니를 살해하고 또 부양하기가 싫어 버리는 사람이 많아진 것은 슬픈 일입니다.

　여러분은 "어머니가 좋습니까, 아버지가 좋습니까?" (2010.01.04.)

44

거저 받은 것 거저 주는 연습

성령님의 활동을 제한하지 말며

-살전 5:19-

저는 한 달쯤 전에 알지 못하는 사람, 하 씨로부터 전화를 받았습니다. 오정교회에 나온 미국 여선교사 중에 '부애도'라는 사람이 있었느냐는 것이었습니다. 저는 생각나는 사람이 없었습니다. 어떻게 해서 내 이름을 알았느냐고 물었더니 오정교회에서 제일 나이가 많은 장로에게 물었더니 그분이 제 이름을 가르쳐 주었다는 것이었습니다. 제가 오정교회 50년사를 썼기 때문에 알고 있으리라 생각했던 것 같습니다. 전화한 이유는 자기가 대전에서 고아로 상업고등학교를 다니고 있었는데 졸업 때 마지막 등록금을 내지 못해 졸업할 수 없었다고 합니다. 그는 당시 동아일보 대전지사에 가서 안타까운 사정을 울며 호소했더니 그것을 1964년 12월 24일에 기사화해서 실어 준 일이 있었는데 한 여 선교사가 그 기사를 읽고 등록금을 대주어 졸업하게 되었다는 것입니다. 그래서 지금 70이 다 되어 46년 전에 자기가 빚진 것을 생각하고 그분이 어디 사는지 수소문하고 있다는 것이었습니다. 성령이 그분에게 감사하고 싶은 생각을 불 일 듯 일으켜 준 것입니다.

어떻게든지 찾아주고 싶은 생각이 들었습니다. 그런데 우리 교회에 출석한 여 선교사는 '헬렌 번드런트'뿐이었습니다. 우선 미국에 있는 제가 잘 아는 P 선교사에게 e-mail을 보내서 헬렌 선교사를 찾아 달라고 했더니 자기는 모르지만, 서울에 사는 M 선교사는 알 수 있을 것이라는 연락이 왔습니다. 그에게 연락해서 헬렌의 주소와 이메일, 전화번호까지 알아냈지만, 헬렌은 몇 년 전부터 알츠하이머의 진단을 받고 남편의 간호를 받고 있다는 이야기였습니다. 저는 헬렌의 남편에게 한국의 한 남자가 찾고 있는 분이 당신인 것 같다고 연락했습니다. 그리고 하 씨에게도 위 모든 정보를 편지로 써서 보냈습니다.

얼마 전 제가 한남대 시절부터 잘 알던 G 선교사로부터 편지를 받았습니다. 그는 제가 재직할 때 영어 교수로 있다가 귀국한 분입니다. 그는 번드런트 씨로부터 내 편지를 전달해 받았는데 자기는 외국인 학교의 교사로 근무는 했지만 자기는 아닌 것 같다면서 혹 아는 선교사가 있느냐고 연락을 해 왔다는 것입니다. G 선교사는 장로교 선교본부에 연락하고 또 자기가 기억나는 사람과 편지 연락을 했던 사람들을 뒤져 고맙게도 여섯 사람의 여 선교사 이름을 제게 보내 왔습니다. 그러나 그중 아무도 맞는 사람이 없었습니다. 하 씨의 감사한 마음이 시들기 전에 뭔가 해야 하는데 감사는 꼭 도움을 주었던 사람을 찾아서 해야 하는가 하는 생각이 들었습니다. 그래서 그에게 그분은 당시 은혜의 보답을 받고 싶어 도운 것이 아니었다. 따라서 하 선생도 그 은혜에 감사하려면 그 마을의 고등학생에게 대학 등록금을 주든지, 어떤 장학 재단에 감사의 뜻으로 돈을 좀 기증하든지, 아니면 아이티 난민 구호금으로 헌금을 하면 어떻겠냐고 편지를 써서 보냈습니다. 얼마 뒤에 또 하 씨로부터 연락이 왔습니다. 1964년 전에 있었던 헬렌 선교사의 전임자를 좀 찾아봐 달라는 것이었습니다. 거저 받은 것 거저 주면 안 될까요? (2010.02.01.)

45

사과 한 상자 진상합니다

여러분에게 영적인 씨앗을 뿌린 우리가 물질적인 수확을 거둔다고 해서 이것을 지나친 일이라 할 수 있겠습니까?/다른 사람들이 여러분에게 이런 권리를 가졌다면 우리에게는 더욱 큰 권리가 있지 않겠습니까? 그러나 우리는 이 권리를 쓰지 않았고 오히려 그리스도의 기쁜 소식을 전하는 일에 조금이라도 지장이 될까 봐 모든 것을 참아 왔습니다.

-고전 9:11~12-

바울은 고린도 교인에게 하나님의 말씀을 전하는 사도가 보수를 받는 것은 당연하지만 자기는 그렇게 하지 않고 밤낮으로 수고하며(천막을 만들며) 복음을 전한 것은 자기가 보수를 바라고 복음을 전한다는 오해를 받지 않기 위해서라고 말했습니다.

"믿음은 들음에서 생기고, 들음은 그리스도를 전하는 말씀에서 비롯된다"라고 했는데 요즘은 성경을 상고하는 사람이 별로 없습니다. 저는 매우 부족한 사람이지만 성경공부로 말씀을 나누거나 홀로 말씀을 읽을 때면 마음에 와닿는 요절을 따라 묵상한 걸 일주일에 하나씩 메모해 두는 일을 합니다. 그리고 연말에는 그것들을 종합해서 말씀 묵상 52주라는 작은 책자를 냅니다. 전도를 잘 못하는 저는 이렇게 쓴 책자로 그리스도를 전하는 일을 해야겠다는 갸륵한(?) 결심을 한 것이지요. 그런데 지명도가 없는 사람이어서 출판사에서 자비출판을 해야 합니다. 좀 비참한 생각이 들어서 꽤 지명도도 있는 작가에게 이런 말을 했더니 그는 그런 것도 몰랐느냐는 듯이 말했습니다. 요즘 작가는 사과농장에서 심혈을 기울여 수고하여 먹음직한 좋은 열매를 거둔 뒤 미식가들에게 팔아 수입을 얻는 것이 아니라 "좀 맛을 봐 주십시오"하고 돈 들여 진땀 흘려 수확한 과일을 진상하는 시대라고 말했습니다.

사실 저도 그랬습니다. 일 년 내내 수고해서 자비 출판한 뒤 우송료 들여서 지인들에게 보내며 읽어봐 달라고 부탁하는 것입니다. 이런 일이 비일비재합니다. 피아노 연주를 주야로 연습해서 자비로 연주회장을 빌리고 또 입장권이나 초대권을 사서 여러 사람에게 와서 들어달라고 나누어 주는 사람도 있습니다. 이런 일들이 만일 자기의 명성만을 얻기 위한 것이라면 참으로 비참한 일입니다. 그러나 저를 사랑하시고 저를 위해 목숨을 버리신 예수님의 사랑을 다른 사람에게 전하고 제 생각을 함께 나누고 싶어 하는 일이라면 그것이 왜 싫은 일이겠습니까? 다른 사람 보기에 왜 비참한 일이겠습니까? 잃은 영혼을 구하는 일이라면 당연히 제가 수고하고 투자해야지요.

한 번은 친구에게 새로 나온 책을 보냈더니 꼼꼼히 읽고 너무 은혜가 되었다면서 서점에 가서 그전에 출판되었던 책도 사서 읽고 있다는 말을 듣고 너무 보람을 느꼈습니다. 저는 모르고 우연히 성경을 인용한 것이지만 말씀에는 불신자를 구원할 능력이 있다고 (약 1:21) 저는 믿습니다. 그래서 이 책이 불신자나 새로 믿기 시작한 믿음의 형제들에게 읽힌다면 보람 있는 일을 하는 일이라고 확신합니다. 읽어 주기만 한다면 거저 드리고 싶습니다. (2010.02.15.)

46

나무와 열매

> 이와 같이 좋은 나무마다 좋은 열매를 맺고 못된 나무는 나쁜 열매를 맺기 마련이다./ 그러므로 너희는 그들의 행동을 보고 그들을 알아낼 수 있을 것이다.
>
> -마 7:17, 20-

예수님께서 제자들에게 거짓 선지자들은 양의 옷을 입고 오기 때문에 경계하라고 하면서 "너희는 그 열매로 사람들을 알아야 한다"라고 말씀하셨습니다. 우리는 진리의 말씀을 분별할 수 있기를 바라며 나쁜 사람과 선한 사람을 가려서 사귈 수 있기를 바랍니다. 그런데 예수님은 사람은 열매를 보아야 안다고 말씀하셨습니다. 그러면 열매를 맺기까지는 사람을 알 수 없는 것일까요?

젊은이들이 배우자를 선택할 때 아직 상대방의 열매를 볼 수가 없습니다. 나무로 치면 이제 막 꽃이 피어 있는 상태이며 어떤 열매를 맺을지 알 수가 없습니다. 그런데 어떤 열매를 맺을 것인지 그 사람을 알기 위해 기다려야 합니까? 여기서 열매는 물려준 재산이 있는지, 독립할 수 있는 직장이 있는지, 그런 것이 아니고 영적인 열매일 터인데 성령의 열매를 어떻게 맺을 것인지 어떻게 미리 아는 분별력을 갖습니까? 영안(靈眼)이 띄어서 앞날이 훤하게 보이는 신앙의 선배를 찾아가서 "이 사람을 믿어도 될까요?" 하고 물어보면 "그 사람은 돼, 절대 안 돼" 하고 그 선배는 말해 줄 수가 있을까요? 그 말은 믿어도 될까요? 예수님은 바로 전에 "비판하지 말라"는 말씀을 하셨습니다. 피조물인 우리는 아무리 영안이 띄었다 할지라도 높은 하나님의 위치에 올라가 사람의 옳고 그름을 비판할 수 없다는 이야기입니다.

저는 아내를 만났을 때 아내에게서 아무 열매도 보지 못하였습니다. 물론 저도 아무 열매도 없어 우리는 단지 두 개의 묘목 같은 것이었습니다. 그런데 하나님께서 우리 사이에 신실한 사랑이 싹트게 해주신 것입니다. 우리는 서로를 믿고 앞으로 있을 좋은 것만 꿈꾸었습니다. 60%만 좋아하고 남은 40%로는 더 좋은 사람이 없는지 두리번거리는 그런 짓을 하지 않았습니다. 이스라엘 백성이 가나안 땅을 정탐한 뒤 낙심하여 모세를 원망하고 하나님을 원망할 때 하나님께서는 "그들에게 이르기를 여호와의 말씀에 내 삶을 두고 맹세하노라 너희 말이 내 귀에 들린 대로 내가 너희에게 행하리니(민 14:28)"라고 말한 뒤 20세 이상, 불평한 사람들을 갈렙과 여호수아를 빼고는 다 광야에서 엎드러지게 하였습니다.

열매는 믿음대로 되는 것이라는 생각이 듭니다. 80이 다 되어 우리는 그때 보지 못했던 열매들을 지금 봅니다. 만족할 수도 있고 불만일 수도 있지만, 그것이 우리가 소원했던 실체입니다. 이것이 하나님께서 우리를 위해 예비하고 계획하셨던 열매라고 믿습니다. 우리는 영안이 띄었다는 선견자들을 무당처럼 찾아다니며 묻고 그를 맹신하고 추종할 이유가 없습니다. 하나님께서는 우리에게 말씀과 믿음과 비전을 주셔서 그 열매를 미리 보게 하십니다. 우리의 소원을 하나님은 들으십니다. (2010.02.22.)

47

나는 하나님의 음성을 들었는가

> 그리고 또 한 가지 우리가 하나님께 늘 감사하는 것은 여러분이 우리가 전한 말을 받을 때 사람의 말로 받아들이지 않고 하나님의 말씀으로 받아들인 점입니다. 그 말씀은 믿는 여러분 속에서 지금 역사하고 있습니다.
>
> -살전 2:13-

바울은 데살로니가 교인들에게 "여러분이 우리에게서 하나님의 말씀을 받을 때 사람의 말로 받아들이지 않고, 실제 그대로, 하나님의 말씀으로 받아들였기 때문"에 하나님께 감사한다고 말하고 있습니다.

말씀을 나누는 시간에 성도들이 자기는 하나님의 음성을 한 번도 들은 적이 없는데 하나님의 음성을 들은 사람은 간증을 해보라고 한다고 했습니다. 그런데 성령의 전(殿)인 내 몸에 예수님을 모시고 모든 삶에 예수님과 동행하고 살면서 한 번도 그 음성을 들어보지 못했다는 것은 남편과 30년을 같이 사는 아내가 자기는 계속 나불거렸는데 남편의 음성을 한 번도 들어보지 못했다고 말하는 것이나 마찬가지 일입니다. 정말 한 번도 듣지 못했다는 것은 있을 수 없는 일입니다. 어쩌면 들었는데 그 음성을 식별하지 못했거나 듣고도 안 들었다고 우기는 것인지도 모릅니다. 우리는 많은 음성을 듣는데 그것을 정작 하나님의 음성으로 듣지는 않는 것입니다. 그런데 데살로니가 교회 교인들은 바울이란 인간이 말했는데 그것을 하나님의 음성으로 받아들인 것입니다. 그것은 믿음으로 들은 것입니다. 그래서 그 하나님의 말씀이 그들 안에서 토목공사처럼 일(役事)하셔서 믿음의 역사로 그들을 변화시킨 것입니다.

저는 지난주 성남시 분당에 있는 한 종합병원에서 아내의 치료를 마치고 대전으로 귀가했습니다. 판교 교차로를 지나오다가 서울과 부산 고속도로로 갈라지는 지점에 이르렀습니다. 부산은 우측이기 때문에 충분히 우측에 붙어 달리고 있다고 생각했는데 갈라지는 바로 앞에서 저는 서울 방향의 노선에 있는 것을 알게 되었습니다. 급하게 우측으로 꺾어 부산 방향으로 들어서려는데 서울로 가는 차와 부산으로 가는 차가 굉음을 내면서 제 앞과 뒤를 쏜살같이 지나치는 것이었습니다. 만일 그들이 제 차를 받았다면 제 차는 두 동강이 나고 말았을 것입니다. 식은땀을 흘리고 그 난국을 벗어났는데 이런 소리가 들렸습니다.

"너희들이 아침에 무사히 다녀오게 해달라는 기도를 했는데 이것이 그 기도의 응답이다. 이번엔 생명을 구해 주었지만, 앞으로는 주의해야 한다"

이것은 사람의 음성일까요 하나님의 음성일까요. 하나님의 음성이라고 믿음으로 들으면 그것이 하나님의 음성이 아니겠습니까?

구약 시대에는 선지자나 제사장을 통해서 말씀을 주셨지만, 지금은 하나님께 속한 자는 하나님의 말씀을 직접 듣게 하십니다(요 8:47). 우리는 많은 음성을 듣고 살고 있습니다. 다만 그것을 하나님의 음성으로 듣는 믿음이 없는 것입니다. (2010.03.02.)

48

은퇴식 축사

> 이제 나는 늙었습니다. 나를 버리지 마소서. 이제 내 힘이 쇠약합
> 니다. 나를 떠나지 마소서./ 하나님이시여, 이제 내가 늙어 백발이 되
> 었습니다. 나를 버리지 마소서. 내가 주의 힘과 능력을 오는 모든 세
> 대에 전할 때까지 나를 버리지 마소서.
>
> -시 71:9, 18-

김 교수, 드디어 은퇴할 때가 되었군요. 몇 년 전만 하더라도 나를 만나서 불쌍한 표정으로 나를 쳐다보면서 "선배님 은퇴하고 뭘 하고 지내십니까? 집안에만 있지 말고 운동이라도 하십시오" 하더니 이제 김 교수가 그런 신세가 되었구려. 그런데 은퇴한다고 하릴 없이 경로당에 가서 바둑이나 두고 앉았거나 어떤 기관에서 보조금을 주면 버스 타고 관광이나 다니고 있지 않습니다. 우리도 바쁩니다. 직장에 있을 때는 시간을 정해 놓고 바쁘지만 우리는 무작위로 시도 때도 없이 바쁩니다. 은퇴 전후의 차이점이 있다면 그렇게 자주 오던 전화가 뜸해지고 우편함에 신문과 광고지만 쌓인다는 것뿐입니다. 그런데 김 교수가 알아두어야 할 것은 몇 년 전과 지금은 고령사회가 급격히 변하고 있다는 것입니다. 2006년만 하더라도 65세 이상의 고령 인구가 전체 인구의 7%에 불과하던 것이 지금은 14%를 향해 돌진하고 있어 고령사회의 입회는 옛날처럼 대접받는 처지가 아니라는 것입니다. 앞으로 베이비 붐 세대가 은퇴하기 시작하면 고령사회에는 거의 빈방도 없게 될 것입니다. 국가나 사회 그리고 젊은이들은 노인 섬기느라 허리가 휘거나 경제 파탄으로 나라가 망하게 될지도 모릅니다. 그래서 이 고령화 사회의 일원으로 입회하려면 예비고사 과정을 거쳐야 하지 않을까 생각합니다. 예를 들면 '퇴직자를 위한 사회 공헌학교' 같은 예비 학교를 거친 사람만 입회시켜야지, 그렇지 않으면 은퇴 노인들은 사회의 암 덩어리가 되고 말 것입니다. 은퇴하면 '한국 은퇴자협회' 같은 데에 가입해서 생산적인 활동을 하든지 해야지 월 십만 원 미만의 기초 노령연금을 받고 누가 도와주는 사람은 없나 하고 두리번거리고 산다면 말이 되겠습니까?

김 교수는 지금 제자들의 환영을 받고 친지들의 축하와 꽃다발 속에서 화려한 은퇴식을 하지만 나 같은 대선배가 은퇴할 때가 태평성대지 지금은 고생문이 환합니다. 권하고 싶은 것은 '한국 은퇴자협회'에 가입까지는 않더라도 은퇴하면 바로 거리에 나가서 젊은 남녀를 붙들고 "어린애 좀 낳아라"라고 호소하며 김 교수는 탁아소를 경영할 준비를 해야 할 것입니다. 젊은 산모가 애들을 맡기고 마음 놓고 직장에 다니게 해주어야 하기 때문입니다. 그리고 여유가 있으면 보육원도 경영해야 합니다. 아기를 낳아 길거리에 버린 사람이 있으면 빨리 데려다 길러야 하기 때문입니다. 그래야 '저출

산고령화시대'를 슬기롭게 극복할 수 있습니다.

성경의 잠언에는 하나님께서 늙은 자기를 버리지 말아 달라고 호소하면서 "주께서 팔을 펴서 나타내 보이신 그 능력을 오고 오는 세대에 전하렵니다"라고 생명 유지에만 급급하지 않고 하나님께서 맡기신 사명을 다하고 세상을 마치겠다고 말하고 있습니다. 은퇴를 축하하지 않고 은퇴자에게 공연한 물을 끼얹었나요? (2010.03.08.)

49

바다를 말리며

> 그러나 너는 기도할 때 골방에 들어가 문을 닫고 보이지 않는 데 계시는 네 아버지께 기도하여라. 그러면 은밀히 보시는 네 아버지께 서 갚아 주실 것이다.
>
> -마 6:6-

저는 얼마 전에 한 권사님으로부터 자기 딸을 위해 기도해 달라 는 부탁을 받았습니다. 미국에 사위와 함께 나가 있는데 귀에서 폭 포수나 세탁기 돌아가는 소리 같은 이명 증세가 있어 오랫동안 고 생을 하고 있다는 것이었습니다. 의사와 상담을 해보지 그러냐고 했더니 의사를 찾아갔지만 별 효과가 없다는 것이었습니다.

이명 증세가 왜 생기는지 인터넷 검색을 해보았습니다. '이명'이라 고 쳤더니 주로 '이명박'이 줄줄이 나오는 것이었습니다. 그중에 몇 개를 찾아 쳐 보았습니다. 쉽게 치료할 수 있는 것은 귀 주위에 지 나는 혈관의 순환장애가 있는 경우인데 이 혈관의 박동 소리가 자 기 귀에 들린다는 것입니다. 이때는 그 원인을 제거하면 쉽게 치유 될 수 있는데 이명 원인은 다양하다는 것입니다. 중이(中耳) 내의 이소골(고막 뒤에 있는 작은 뼈)에 부착된 근육이나 이관(耳管)에 연결된 근육이 경련을 일으켜 생기기도 하고 또 메니에르병이라는 것도 있는데 이것은 내이(內耳)에 청각 세포와 전정 세포(평형을 담당하는 세포)를 둘러싼 내 림프액이 팽창하여 림프액의 압력이 증가하여 생기는 증상이라는 것입니다.

이런 것은 환자가 더 잘 찾아서 알고 있을 텐데 전문의를 찾아서 상담하는 것이 좋겠다고 말했습니다. 딸은 일반의사 상담도 했는데 그는 귓속에 물이 찬 것 같다고 종합병원 전문의를 찾아가 보라는 이야기를 했다는 것입니다. 하지만 그 집 딸은 의사보다는 기도로 나을 생각을 하고 있다고 합니다. 저는 기도의 능력을 믿고 있는 사람이지만 이런 경우는 의사가 먼저라는 생각을 하였습니다. 혹 한국으로 나와서 치료를 받든지 이곳 의사의 처방을 받아 약을 지어 보내면 어떻겠냐고 말했습니다. 그 권사님은 국제전화로 딸이 한국 의사와 상담을 하고 처방을 받아 미국으로 약을 보냈습니다. 그런데 얼마 후 그 약을 먹고 현기증이 더 심해지고 녹초가 되어 일어나지도 못했다는 것입니다. 저는 걱정이 되어 매일 기도하지만, 꼭 큰 도시 전문의를 만나보는 게 좋겠다고 권했습니다. 얼마 뒤 좀 큰 도시의 전문의와 예약을 했는데 예약이 밀려 면담 일을 늦게 잡았다는 말을 들었습니다.

드디어 도시 의사를 만나보는 날이 되어 어떻게 되었느냐고 궁금해서 물었습니다. 결과는 반가운 소식이었습니다. 그 딸이 기도하는 중에 하나님께서 말씀을 주셨는데 이사야 50:2절 말씀이었다고 합니다. "내 명령 한 마디면 바다가 마르고⋯⋯" 이 말씀을 듣고 자기는 귀에서 물이 빠져나간 것을 느꼈다고 합니다. 전에 상담한 의사를 만났더니 전문의는 내이(內耳)의 내 림프액이 정상이라고 말하며 앞으로 그런 일이 또 있으면 몸이 약하기 때문에 약을 먹지 말고 수술을 하자고 했다고 합니다. "하나님, 감사합니다" 하고 나는 기도했습니다. 의사만 추천한 제가 믿음이 부족한 것처럼 부끄러웠지만 제가 드린 기도도 하나님께서는 들으셨다고 믿었기 때문입니다. (2010.03.15.)

50

길맹

> 너희는 하나님의 계명은 버리고 사람의 전통만 내세우고 있다./예수님은 다시 말씀하셨다. 너희는 전통을 지키려고 하나님의 계명을 저버렸다.
>
> -막 7:8~9-

컴퓨터에 대한 맹인을 '컴맹'이라고 부른다면 길눈이 어두운 사람은 '길맹'이라고 부를 수 있을 것입니다. 제가 '길맹'입니다. 우리 교회에 목사님이 처음 부임해 오셨을 때 저는 시내 식당을 안내한다면서 길을 잃어버렸습니다. 그래서 같이 헤맸는데 그때부터 목사님은 저를 믿지 않습니다.

결혼식장에 제가 가겠다고 하면 반드시 아내가 따라나섭니다. 제가 엉뚱한 데로 가버릴까 봐서 그렇습니다. 식장으로 나서기 전에 좀 실랑이를 합니다. 아내는 소시민의 결혼식에 부부가 같이 가서 두 끼나 점심을 먹고 오는 것은 미안한 일이라고 말합니다. 그러나 저를 혼자 보낼 수 없으니 자기는 이른 점심을 먹고 떠나겠다고 우깁니다. 그럼 저는 하객의 머릿수를 돈으로만 계산하는 혼주가 어디 있느냐고 말하며 축하하고 사랑하는 마음이 먼저라고 옥신각신합니다.

결혼식장에 도착했는데 컨벤션 웨딩 홀이어서 홀은 하나뿐인데 결혼식을 할 사람은 네 쌍이나 되어 너무 혼잡스러웠습니다. 축의금을 어디다 낼까 두리번거렸습니다. 딴 사람에게 줄 수도 있고 또 신랑과 신부 측을 혼동할 수도 있기 때문입니다. 겨우 올바른 사람을 찾아서 축의금을 내고 있는데 아내가 황급히 부르며 나를 끌어당기는 것이었습니다. 나누어주는 식권을 놓칠 수도 없어 그것을 받느라 좀 굼뜬 짓을 했더니 아내는 화가 났습니다. 예식장 내에서도 기어이 '길맹' 노릇을 해야 하느냐는 것이었습니다. 들어왔으면 혼주를 찾아 인사부터 해야지 밥 먹는 것이 그렇게 급하냐는 것이었습니다. 하긴 본질과 형식이 뒤바뀌었다는 생각을 했습니다.

참 저는 기독교인으로 말씀에 합당하게 살지 못하고 헤매는 맹인이라는 생각을 하게 되었습니다. 어떤 교회에서는 장로 추천을 하는데 먼저 장로 자격을 정해 놓아야 추천에 어려움이 없다고 다음과 같이 정했다고 합니다.

1. 성경을 열 번 이상 통독을 한 사람
2. 성수 주일을 하고 새벽기도에도 빠지지 않는 사람
3. 십일조 헌금과 구제 헌금에 본이 되는 사람
4. 최근 삼 년 안에 열 사람 이상을 전도한 사람

대한 예수교장로회 헌법에는 장로의 자격으로 '상당한 식견과 능력이 있고 무흠 입교인으로 7년을 경과하고 30세 이상 된 자로서 디모데전서 3장 1~7절에 해당한 자라야 한다'라고 명확히 자격 규정을 하고 있는데 왜 이렇게 은사로 받는 직분을 사람의 관습으로 길을 막는 것일까요? 교회에도 저 같은 '길맹'이 많은 모양입니다. (2010.03.22.)

51

결혼기념일

> 그래서 여러분이 주님을 믿는 성도다운 생활을 하여 모든 일에 주님을 기쁘시게 하고 모든 선한 일에 열매를 맺으며 하나님을 아는 지식이 점점 자라기를 바라는 것입니다./그리고 하나님의 영광스러운 힘을 통해 오는 모든 능력으로 여러분이 강해져서 모든 일을 기쁨으로 참고 견디며
>
> -골 1:10~11-

"오늘 뭘 해 줄래요?"

아내의 물음에 어리둥절한 표정을 하고 있었더니 벌써 그녀의 표정이 변했습니다. 나는 그때야 번쩍 정신이 들었습니다. 그날이 결혼기념일이었던 것입니다.

"아직도 결혼기념일 타령이요?"

"알았어요. 당신이 내 마음을 어떻게 아시겠어요. 그러면서 어떻게 하나님 마음을 알겠다고 하는 건지"라고 혼잣말을 하는 것이었습니다.

사실 저는 아내의 마음을 잘 모르고 있습니다. 한번은 생화를 비싼 값으로 사다 주었는데 곧 시드는 꽃에 그렇게 돈을 쓰고 싶으냐고 혼난 일도 있습니다. 옷을 사러 백화점에 가면 신경이 쓰여서 차분히 고를 수 없다고 따라다니지 말라고 합니다. '그것보다는 현금을 좋아하는가?' 이런 생각이 들면 50년을 같이 살았어도 아내의 마음을 모르는 것이 사실인 것 같습니다.

　하나님 마음은 잘 알고 하나님 기쁘시게 하는 삶을 산 것일까요? 믿음이 있어야 하나님을 기쁘시게 하는데 저는 정치인들이 깨끗한 양심을 갖고 나랏일을 하게 해달라고 기도하면서 하나님을 믿지 못합니다. 하나님도 정치인은 그렇게 하실 수 없다고 생각하기 때문입니다. 내 욕심이 죽고 주의 뜻대로 살고 싶다고 입술로는 하지만 주께서 내 안에 사셔서 내 주인이 된다면 너무 힘들 것 같다는 생각을 하기도 합니다. 이번 초계함인 '천안함'이 서해에서 침몰하여 46명이 실종되었을 때 저는 그분들을 위해 기도했습니다. 그러나 실종된 사람들을 구조하기 위해 새로운 희생자가 10명이나 생겼을 때 저는 하나님의 개입을 믿지 않고 기도를 중단하였습니다. 그러나 유족 대표가 '수색 작전을 취소해 달라'고 군 본부에 호소하는 모습을 보고 누군가가 하나님을 믿고 계속 인간의 생명을 위해 기도했음을 깨닫게 되었습니다.

　이제 먼저 아내의 마음부터 아는 연습을 해야겠다고 생각합니다. 기념일을 기억하지 못해 미안하다고 사과하며 오랜만에 먼 곳으로 점심을 먹으러 갔습니다. 외부 전화를 안 받으려고 핸드폰을 꺼 놓고 밖으로 나갔습니다. 그것이 아내에게만 전념하고 그녀를 기쁘게 해 주는 것으로 알았는데 밤늦은 시간이 되자 아내는 지난해까지는 결혼기념일이라고 전화를 해 주던 딸이 전혀 전화가 없다고 서운해했습니다. 그런데 제 핸드폰이 보이지 않았습니다. 운전하면서 아내에게 맡겨 놓았던 것인데 보이지 않은 것입니다. 아내의 핸드폰으로 내 번호를 눌렀더니 아내의 옷장 속에 걸린 코트 호주머니에 제 핸드폰이 묻혀 있는 것을 발견했습니다. 그곳에는 딸의 부재중 통화 기록이 수없이 있었습니다. 우리는 딸의 마음을 모르고 오해했던 것입니다. (2010.04.05.)

52

쓸쓸한 장례식

'…그러나 이제 그들의 죄를 용서해 주소서. 그렇게 하지 않으시려
거든 주께서 기록하신 주의 책에서 내 이름을 지워 버리소서'

-출 32:32-

김 목사는 부활절 절기를 끝내고 월요일부터 일주일간 휴가를
떠날 생각이었습니다. 그런데 월요일 아침 일찍이 교회의 신 권사
에게서 전화가 왔습니다. 자기 딸이 자살했다는 것이었습니다. 다
음은 김 목사가 교인의 딸 장례식에서 드린 기도문입니다.

하나님, 아버지 제대로 꽃도 피워보지 못한 주님의 딸이 오랫동
안 우울증에 시달리다가 자살로 생을 마치었습니다. 언약의 피로
거룩하게 해 주신 주를 배반하고 자살로 성령을 욕되게 했다는 것
때문에 많은 성도는 이 자리를 피하여 쓸쓸한 장례식입니다. 또
그 어머니는 딸이 지옥으로 떨어졌다는 강박감과 죄책감으로 딸을
잃은 슬픔도 제대로 나타내지도 못하고 있습니다. 불쌍히 여기시
고 자비를 베푸사옵소서. 우울증을 극복하고 승리하였다면 하늘

보좌에 앉은 어린양을 새 노래로 찬양할 때 그녀를 나라와 제사장으로 삼아 천 년 동안 왕 노릇 하게 했을 텐데 이 모든 죄는 양들을 제대로 먹이지 못한 제게 있습니다. 사랑이신 주님께서는 회개할 시간을 갖지 못하고 삶을 마친 이 소녀를 불쌍히 여기시옵소서. 주님이 부활하여 인간의 첫 열매로 하나님의 보좌에 가신 것처럼 우리도 주와 연합하면 영광스러운 주님의 보좌에 갈 수 있다는 확신을 평소에 제가 심어주지 못했습니다. 아무리 힘든 이 세상의 고난도 주님의 십자가를 생각하면 능히 견딜 수 있으며 이 터널을 지나고 나면 마지막 날에 크고 흰 보좌 앞에 부활한 몸으로 우리를 부르시고 우리의 원한을 풀어 주시며 불의한 자를 불 못에 던지고 저희에게는 생명의 면류관을 씌워주실 부활 신앙을 소녀에게 심어주지 못했습니다. 교회는 천국 보좌의 그림자인데 연약한 소녀의 마음속에 들어가 괴롭히고 있는 마귀를 주의 권능으로 쫓아내어 마음의 안식을 주지 못했습니다. 단기선교에 가고 새벽기도에 열심인 소녀들을 칭찬하며 그녀를 그들과 비교하여 소외된 소녀를 더욱 우울하게 만들었습니다. 교회 성장에 눈이 어두워 "네 물질을 하늘에 쌓아라. 금 대접에 네 기도를 담아 하나님께 올려라. 내세의 상급을 위해 죽도록 충성하라. 너는 무슨 봉사를 하고 있느냐?"고 부담스러운 말로 그녀를 채근하며 주의 멍에를 메고 쉬는 일과 주의 마음을 알아가는 일에 힘쓰도록 양육하지 못했습니다.

이제 주의 자비로 소녀의 영혼을 주의 곁으로 불러 편히 쉬게 하시며 딸을 잃은 어머니의 마음을 위로하여 주시옵소서. 부활이 없으면 우리가 전파하는 것도 헛것이요 또 우리의 믿음도 헛것입니다. 슬픔에 젖어 있는 모친도 주께서 강림하실 때 맷돌질을 하고 있던 두 여인 중 하늘에 데려감을 받은 한 여인처럼 되게 하소서. (2010.04.12.)

제2부

하 목사의
마지막 설교

이것이 사도행전 29장을 쓰고 싶다는
그분이 강대상에서 외친 마지막 설교였습니다.

01

금 대접에 담긴 기도의 향기

> 그러자 네 생물과 24명의 장로들은 각자 거문고와 성도들의 기도
> 인 향을 가득 담은 금 대접을 들고 어린 양 앞에 엎드렸습니다.
>
> -계 5:8-

하늘 보좌에 앉으신 하나님이 오른손에 일곱 인으로 봉함된 두루마리를 들고 누가 그 두루마리를 펴며 그 인을 떼기에 합당하냐고 물었을 때 이에 합당한 자가 보이지 않아 요한이 크게 울었더니 일찍이 죽임을 당한 어린 양이 나아와서 보좌에 앉으신 이의 오른손에서 두루마리를 취하는 것을 보았습니다. 그때 천상의 네 생물과 스물네 장로들이 어린양 앞에 앉아 향이 가득한 금 대접을 올렸는데 이것은 지상의 성도들이 올린 기도였습니다. 천상의 대관식에 지상에서 올린 기도의 향이 어린 양에게 바쳐지는 것을 요한이 본 것입니다.

대전대학(현 한남대학)에는 창립 당시 성문과(聖文科)라는 학과가 있었습니다. 이 대학을 창설한 인돈 학장은 이 대학의 교훈을 '믿음, 배움, 사랑'으로 정했는데 이 교훈은 이 대학을 졸업한 학생은 먼저 성경 말씀(성문과)으로 무장하고 만국어인 영어를 배우고 과학 입국에 필요한 화학과 수학·물리를 배워 졸업하면 사회에 나가 사랑으로 봉사해야 한다는 원대한 목표를 가진 사명 선언입니다. 그런데 이 성문학과는 대한민국에 하나밖에 없는 유일한 학과로 아무도 이 학과가 무엇을 하는 학과인지 정확히 알지 못했습니다. 그래서 이 학과는 1972년 박정희 정권의 유신체제 아래에서 폐과가 되었습니다. 10회의 졸업생을 내고 대한민국에 처음으로 생겼다가 어떤 후배도 없이 사라졌습니다. 성문과를 창설하고 학과장으로 일하고 있던 모요한 교수(교육 선교사)는 폐과되기까지 계속 희랍어를 교수하고 있었는데 학생도 없어지고 가르칠 과목도 없어졌습니다. 그러나 총 81명의 졸업생 중에는 후에 훌륭한 신학대학교의 총장들, 장로회 총회장, 해외에서 순교한 교회사에서 존경받는 선교사, 그리고 국내외에 흩어져 말씀을 전한 훌륭한 목사와 기독교 지도자들이 나왔습니다. 졸업해서 어디다 쓸 수 있는가 하고 효용 가치를 따지는 세상에서 이들은 한 부속품의 역할을 하지 않고 더 높은 하늘나라의 가치를 창조하는 정신적 지도자들로 우뚝 선 것입니다. 모 목사는 자기의 가르칠 과가 없어지자 학교 도서관장을 하면서 졸업생 전체의 사진을 자기 집 책상 앞에 걸어 놓고 그들의 장래를 위해 기도했습니다. 졸업생 중에는 그의 기도를 기억하지 못한 사람이 많을 것입니다.

여호수아가 광야에서 아말렉과 싸울 때 후방에서 모세가 손을 들면 이스라엘이 이기고 손을 내리면 아말렉이 이겼습니다. 모세의 팔이 피곤해지자 아론과 훌이 모세의 손을 붙들고 있었습니다. 이처럼 모요한 교수는 폐과 후 계속 성문과 학생들의 앨범 사진을 벽에 붙여 놓고 눈물을 흘리며 모세의 팔이 피곤해지지 않도록 기도했습니다. 저는 이 기도가 금 대접에 싸인 향이 되어 하나님께서 흠향하셨다고 생각합니다. 물론 학교를 떠난 학생들 본인이 최선을 다했지만, 이 기도의 향기가 하나님께 상달되어 그들이 지금의 그들 되게 하나님께서 세우신 거라고 믿고 싶습니다. 보이지 않은 기도의 후원이 필요합니다. (2010.05.03..)

02

망령 든 것도 아니고

> 또 어떤 여자에게 열 드라크마가 있는데 그 중에 하나를 잃으면
> 등불을 켜 가지고 집 안을 쓸며 그것을 열심히 찾지 않겠느냐?
>
> -눅 15:8-

한 드라크마는 한 데나리온과 같은 가치로 한 농부 하루의 품삯에 해당한다고 합니다. 그것은 하찮은 돈일지 모르지만, 당시는 가난한 여인이 시집갈 때 열 드라크마를 한 줄에 꿰어 지참금으로 가져갔다는 이야기도 있습니다. 그중 하나를 잃었다면 얼마나 아깝겠습니까? 등불을 켜고 집을 쓸고 찾을 만하다고 생각합니다. 여인이 한 드라크마를 찾는 기쁨을 하나님께서는 죄인 하나가 회개하고 돌아오는 기쁨에 비유하고 있습니다.

최근 제 이야기도 현대판 드라크마의 비유와 같다는 생각이 듭니다. 저는 승용차 열쇠를 통째 잃어버렸거든요. 그것도 모르고 하룻밤을 지내고 다음 날 오후에 외출하려는데 열쇠가 보이지 않는 것입니다. 온 방을 쓸다시피 뒤졌는데 열쇠는 나오지 않았습니다. 분명 지하 주차장과 엘리베이터를 타고 방에 들어오는 그사이

어딘가에 떨어뜨린 것 같은데 그사이 길을 반복해서 걸어 봐도 찾아봐도 없었습니다. 문제는 그 열쇠 다발에는 방으로 들어오는 열쇠도 있어서 나쁜 사람의 손에 들어갔다면 밤에 방문을 열고 들어오는 것은 식은 죽 먹기였습니다. 또 지하실에서 리모컨 열쇠로 이곳저곳을 향해 눌러 보면 차에 불이 들어오고 제 차를 훔쳐 가는 일은 너무 쉬운 일이었습니다. 관리실에 전화를 해보았더니 그런 열쇠를 주워 맡긴 사람은 없다는 것이었습니다. 혹 청소부 아주머니가 주웠다면 퇴근하는 네 시까지는 갖다 놓고 나갈 것이니 기다려 보라는 것이었습니다. CCTV가 잘 비추는 곳에 스페어 키로 차를 옮겨 놓고 시간 되기를 기다렸는데 아무 소식이 없어 결국 아파트 출입문 열쇠와 승용차 열쇠 박스를 통째로 교환했습니다. 이십사만 원의 거금이 들었습니다.

열쇠를 찾으면서 한 드라크마를 찾는 여인을 생각했습니다. 열쇠가 아니고 잃어버린 한 영혼을 제가 이렇게 애타게 찾았다면 하나님께서 얼마나 큰 칭찬을 해 주었을까를 생각했습니다. 그날 제가 후원하는 한 간사로부터 선교편지를 받았는데 그녀는 잘 아는 목사님이 말짱한 소파를 하나 갖다 주셨는데 헌것을 버리려니 좀 아까워서 홈피에 사진을 찍어 오래되었는데 혹 필요하시면 드리겠다고 했더니 먼 시골에 사시는 목사 내외가 와서 그것을 가져갔다는 것입니다. 주면서도 너무 미안해서 가다가 점심이라도 드시라고 돈을 드리고 전송하면서 몸 둘 곳을 몰랐다는 글이었습니다. 잃어버린 영혼들을 구하는 일에 종사하는 분들의 아름다운 이야기를 읽으면서 영혼도 구하지 못하고 남을 돕지도 못하고 갑자기 거금을 잃어버린 육의 사람인 제 삶이 부끄러워졌습니다. 열쇠를 만든 뒤에도 방안 어디엔가 꼭꼭 숨어 있을 것 같아 아내의 핸드백까지 뒤졌는데 없었습니다. "이게 보통 일이요? 망령 든 것도 아니고" 기어이 아내가 한마디 했습니다. (2010.05.10.)

03

기도 업그레이드

> 쉬지 말고 기도하십시오.
>
> -살전 5:17-

바울의 "쉬지 말고 기도하십시오"라는 말은 매우 도전적인 명령입니다. 쉬지 말고 기도할 수 있습니까? 기도하는 입술을 쉬지 말라는 말입니까? 아니면 데살로니가 교회 교인들이 기도를 중단했기 때문에 이런 권면을 한 것입니까? 그러나 데살로니가 교인들은 "하나님을 믿는 여러분의 믿음에 대한 소문이 곳곳에 퍼졌으므로(살전 1:8)"라고 바울이 칭찬한 교인들입니다. 기도를 중단했을 리가 없습니다. "쉬지 말고"를 말 그대로 "시간상으로 중단하는 일이 없이"라고 해석하는 건 무리인 것 같습니다. 이렇게 권면하고 있는 바울 자신도 자기의 하는 일을 중단하고 기도만 하고 있지는 않았습니다. 말씀을 전하고, 귀신을 쫓아내고, 옥에 갇히고, 매도 맞고, 전도 여행을 떠나고, 천막도 만들었습니다.

"나는 그리스도와 함께 십자가에 못 박혔습니다. 이제 살고 있는 것은 내가 아닙니다. 그리스도께서 내 안에서 살고 계십니다(갈

2:20)"라고 말한 바울은 그가 드린 기도뿐 아니라 자기 안에 사신 그리스도께서 자기를 통해 행동으로 나타내는 삶 자체도 기도라고 생각했습니다. 그렇지 않으면 그의 삶으로 나타난 행동은 기도의 중단이 되기 때문입니다.

어떤 학생이 자기는 시험공부를 하지 않았지만, 기도는 하나님과의 대화이기 때문에 시험을 잘 보게 해달라고 기도할 수 있다고 말했습니다. 그가 졸라대는 것 때문에(눅 11:8) 하나님께서 들어줄 수도 있다고 확신했습니다. 이런 기도는 많습니다. 사역에 필요하니 컴퓨터나 승용차를 살 돈이 생기게 해 달라, 취직하게 해 달라, 병낫게 해 달라……. 이런 기도는 정말 기적적으로 응답받을 때가 있습니다. 그러나 바울은 이런 기도를 쉬지 말고 하라고 명령한 것일까요? 자기가 주와 함께 죽지 않고 살아서 인생을 조종하면서 예수님을 부조종사로 쓰는 이런 기도를 하라고 하지는 않았을 것입니다. 한때 바울은 에베소 교인들을 위해 이렇게 기도하였습니다.

"나는 우리 주 예수 그리스도의 하나님, 영광의 아버지께서 여러분에게 지혜와 계시의 성령을 주셔서 하나님을 더욱 잘 알게 해 주시고/여러분의 마음의 눈을 밝히셔서 부르심을 받은 여러분의 희망이 무엇이며 성도들이 하늘 나라에서 받게 될 영광스러운 축복이 얼마나 풍성한가를 알게 해 주시고/또 믿는 우리 속에서 강한 능력으로 역사하시는 하나님의 권능이 얼마나 큰가를 알게 하시기를 기도합니다(엡 1:17~19)"

이 세상과 이 세상에 있는 것들만을 위해 구하는 우리 기도와 바울의 기도가 어떻게 다른지 비교할 때 자신이 부끄러워집니다. 원시적인 우리의 기도를 질적으로 향상된 성숙한 새로운 버전의 기도로 바꾸어야 한다는 생각을 하게 됩니다. 기도가 바뀌면 삶이 바뀝니다. 이것이 "쉬지 말고 기도하십시오"라는 바울의 참뜻이 아닐까요? (2010.05.11.)

04

필요와 탐욕

우리에게 날마다 필요한 양식을 주시고

-마 6:11-

영양사들은 우리에게 매끼 필요한 음식을 섭취하라고 권하는데, 우리의 식욕은 필요 이상의 탐욕을 부립니다. 당뇨 병자에게는 소식과 무염식을 권하지만, 폭식이 병을 악화시킵니다. 투자를 자제하라고 하는데 무모한 투자를 계속합니다. 필요는 우리에게 사는 길을 열어주는데 탐욕은 우리를 죽음의 길로 인도합니다.

이스라엘 백성이 40년간 광야를 헤맸을 때 하나님은 그들에게 만나를 음식으로 주었습니다. 그리고 그들은 그것을 먹고 부족함이 없었습니다. 꼭 하루에 필요한 분만큼 땅에서 거두게 하여 먹게 하였습니다. 더 많이 탐욕을 부려 거두면 바로 썩어서 못 먹게 되었습니다. 그들은 이렇게 40년간 필요와 탐욕을 구별하여 사는 훈련을 받았습니다. 음식뿐 아니라 하나님께서는 모든 분야에 꼭 필요한 것으로 충분히 주십니다. 그러나 우리는 그것으로 만족할 줄을 모릅니다. 따라서 바울 같은 분도 어떤 형편에서도 스스로 만족하는 법을 배웠습니다(빌 4:11).

올해 5월 5일 어린이날에 '기러기 가족'의 슬픈 소식이 전해졌습니다. 뉴질랜드 크라이스트처치에 살던 부인이 두 딸과 함께 자살한 것입니다. 이 비보를 듣고 찾아간 기러기 아빠도 9일 자살하였습니다. 이 부부는 두 딸을 더 잘 가르쳐 보겠다는 욕심으로 8년 전에 부인과 딸들은 뉴질랜드에, 그리고 남편은 한국에서 헤어져 살아온 것입니다. 영어를 잘하는 것이 무엇이 중요합니까? 그곳에 무슨 특별한 꿈이 있습니까? 착실하게 사업을 하고 있던 아버지와 함께 단란한 가정을 꾸리고 살고 있었으면 한 가족이 얼마나 행복했겠습니까? 그러나 조기 유학을 시키겠다는 탐욕이 부부가 헤어져 사는 피나는 노력을 하게 했고 끝내는 아버지의 사업이 흔들리게 되고 송금해 받지 못한 부인과 애들은 생활고로 집을 잃게 되었습니다. 그러자 어머니와 두 딸은 비관하여 자살하게 된 것입니다. 하나님의 은혜가 내게 족하다고 생각했으면 이렇게 과욕을 부리지 않았을 것입니다.

올해 연세대 사회발전 연구소와 방정환 재단이 '2010 한국 어린이·청소년 행복지수 국제비교'를 해본 결과는 우리나라가 OECD 주요 26개 회원국 중 최하위였다고 합니다. 가정마다 어린이가 귀하여 과보호하고 있는 나라에서, 또 가난하지도 않은 나라에서 왜 행복지수가 최하위가 됩니까? 재력이나 시설이나 여건 등 객관적인 행복지수보다도 청소년 본인들이 느끼는 주관적인 행복지수가 낮기 때문이라고 생각합니다. 이것은 청소년들 자신에게도 책임이 있지만, 오히려 자녀를 사유화하여 과욕을 부리는 부모에게 더 큰 책임이 있다고 생각합니다.

공의롭고 자비로운 하나님을 믿는 신앙이 어른들에게 있고 이 신앙이 자녀들에게 전수된다면 얼마나 좋을까요? 하나님은 우리에게 충분히 필요한 것을 주십니다. (2010.05.17.)

05

한 박자 느리게 걸읍시다

> 그들은 '자, 벽돌을 만들어 단단하게 굽자' 하고 서로 말하며 돌 대신 벽돌을 사용하고 진흙 대신 역청을 사용하였다./그들은 또 '자, 성을 건축하고 하늘에 닿을 탑을 쌓아 우리 이름을 떨치고 우리가 사방 흩어지지 않도록 하자!' 하고 외쳤다.
>
> -창 11:3~4-

우리는 우리의 이름을 날리고 우리의 세력을 과시하려 합니다. 그것을 위해 지금도 바쁘게 삽니다. 그러나 바벨탑을 쌓는 것은 자신의 기술과 능력을 믿고 하나님으로부터 멀리 떠나는 일이었습니다. 우리는 어떻습니까? 우리는 지금도 남보다 뛰어난 명성을 얻기 위해서 너무 바쁘게 뛰고 있습니다.

쇼펜하우어는 어느 날 독일의 티어가르텐 공원을 거닐며 '나는 누구인가?', '어디로 가고 있는가?'를 골똘히 생각하고 있었는데, 그 남루한 옷차림을 보고 공원 관리인이 쫓아가 "당신은 누구요?", "지금 어디로 가고 있소?" 하고 물었다고 합니다.

지금 우리는 그런 물음을 스스로 물으며 공원을 걷는 사람이 있을까요? 그렇게 한적한 공원이 이 나라에 있기나 하는 건가요? 공원에는 어른과 어린애가 북적대고 놀이 시설을 이용할 순번을 기다리느라 긴 줄을 서고, 식당은 식당대로 붐비고 사업가는 땅을 깎아 골프장을 건설하고, 국제경기장과 외국 손님 유치를 위해 카지노를 세우고, 고층 건물과 아파트를 세우고, 새 도시를 건설하고, 계속 도로를 넓히고 있습니다. 그래도 도로가 승용차로 넘쳐서 아우성칩니다. 산이 남아나지 않을 것 같습니다.

이것은 돈이 있고 문화가 발달했다고 바벨탑을 쌓는 것과 다름이 없습니다. 한 가지 기쁜 일은 우리나라에 '슬로시티' 여섯 개가 국제 슬로시티 연맹의 인준을 받았으며 이번 6월에 제3차 국제 슬로시티의 시장총회를 우리나라에서 개최하게 된 일입니다. 자연과 전통을 잘 보호하며 사람이 사는 따뜻한 사회, 행복한 사회를 만드는 데 앞장서겠다는 마을이 생긴 것입니다. 천천히 걷자, 자연과 함께 살며, 무공해 전통 음식을 느리게 먹으며, 느린 것이 주는 혜택을 감사하는 지혜파(遲惠派)로 살자, 뭐 그런 것입니다. 저는 이번에 그 6개 도시인 신안, 완도, 장흥, 담양, 하동, 예산 중의 하나인 담양을 다녀왔습니다. 그들은 자기네가 '슬로시티'가 된 것을 자랑스럽게 생각하고 있었습니다. 전통 음식과 전통 공예품, 사적, 고가(古家) 등을 자랑했습니다. 그런데 삶이 전혀 느리고 여유로운 것 같지 않았습니다.

그들이 자랑하는 메타세쿼이아 수목 길을 갔습니다. 그곳은 차가 다니지 않도록 별도로 관리해서 여행객들이 천천히 걸을 수 있게 해 놓았습니다. 나무 향기를 맡으며 천천히 걸어야 하는데 자전거를 빌려주는 노점상이 입구에 자리를 잡고 있어서 개인이나 가족이 탈 수 있는 자전거를 빌려주는 것이었습니다. 하긴 담양에서도 창평면이 '슬로시티'로 지정되어 그곳은 다르다고 할 수 있을지 모르지만 '슬로시티'의 정신이 그곳에서 느껴져야 하는 것이 아닐까요? (2010.05.24.)

06

선으로 악을 이기자

> 누구에게나 악을 악으로 갚지 말고 언제나 선한 일을 하며/ 그러
> 므로 악에게 지지 말고 선으로 악을 이기십시오.
>
> -롬 12:17, 21-

    저는 CBS에서 방영하고 있는 '성서학당' 채널에서 김동호 목사의 강의를 듣고 있다가 충격적인 예화를 들었습니다. 그분은 고양이를 좋아해서 할머니, 어머니, 아들 고양이까지 대대로 기르고 있다고 합니다. 그런데 하루는 하숙을 치고 있는 어머니가 생선을 구워서 상위에 올려놓았는데 이 고양이가 생선을 낚아채서 마루 밑으로 도망간 것입니다. 그분 말에 의하면 이 고양이가 젖 떼고 좀 커서 중 고양이가 되기 전 '미운 고양이 새끼' 때였다고 합니다. 김 목사는 쫓아가서 마루 밑에 대고 나오라고 소리를 쳤습니다. 나올 리가 없지요. 그러나 김 목사는 한 시간 동안을 고양이에게 나오라고 소리를 쳤습니다. "좋은 말 할 때 나와라", "네가 도둑고양이냐?", "주인이 나오라면 나와야지" 그분도 어지간한 분입니다. 한 시간을 그러고 있었더니 고양이가 슬로비디오로 보는 것처럼 벌벌 떨며 나오더랍니다. 드디어 고양이를 붙들었습니다. 저 같으면 목을 조르고 "또 그런 짓을 하겠느냐?"고 위협을 하고 반은 죽여 놓았을 것입니다. 주인은 강자인데 무슨 짓을 못 합니까? 그런데 김 목사는 벌벌 떨고 있는 고양이를 보자 측은한 생각이 들어 그를 꼭 안아주고 머리를 쓰다듬어 주었답니다. 짐승에게 무슨 말이 통하겠습니까? "내가 이처럼 너를 사랑한다"라고 사랑하는 느낌을 전해 준 것이겠지요. 그런데 그 순간에 고양이가 '거듭났다'라는 것입니다. 고양이가 개처럼 자기를 따라다니기 시작했다고 합니다. 개는 오라면 오고, 앉으라면 앉는데 고양이는 절대 오라 해도 오지 않고 오고 싶을 때 오고 가고 싶을 때 가는 동물이라는데 그 뒤로는 이 고양이가 늘 자기를 따라다녀서 '개표 고양이'라는 별명이 붙었다는 것입니다. 이것이 김 목사의 고양이 길들이기입니다.

바울은 예수의 제자가 된 기독교인들에게 악에 지지 말고 선으로 악을 이기라고 합니다. 그것이 쉬운 일입니까? 왜 그러라고 하는 것일까요? 눈은 눈으로, 이는 이로 갚으면 이 분노는 더욱 큰 분노를 불러일으켜서 아무도 승리하지 못하는 아귀다툼으로 끝나기 때문입니다. 누군가가 죽어야 하는데 바울은 자기가 그리스도와 함께 십자가에 못 박혀 죽었다고 했습니다(갈 2:20).

초창기 목포에서 선교사역을 시작한 배유지 목사의 3대째 외손인 선교사 인휴 목사는 순천에서 1,000 교회 개척 운동을 하던 중 교회 건축 자재를 싣고 오다가 교통사고로 사망했습니다. 이분의 둘째 아들 인세반은 15년 동안 말없이 북한을 돕고 있습니다. 황해 남·북도를 중심으로 3개 결핵 병원과 15개 결핵 요양소에 필요한 물자와 기술을 공급하고 구제품이 제대로 보급되고 있는지 입국해서 점검하는 일을 열심히 하면서 후원자들에게 매월 열심히 기도 제목을 배부하고 있습니다. 이것이 그가 불쌍한 생명을 살리는 방법입니다. 그는 하나님께 모든 앞날을 맡기고 기도하며 사랑을 실천하는 것이 기독교인의 사명이라고 생각하고 있는 것입니다.

(2010.06.01.)

07

더 큰 것을 주시는 하나님

> 그래서 내가 너희에게 말한다. 구하라. 그러면 받을 것이다. 찾아
> 라. 그러면 찾을 것이다. 문을 두드려라. 그러면 열릴 것이다.
>
> -눅 11:9-

예수님께서 제자들에게 기도를 가르치신 뒤에 "구하라. 찾아라. 그리고 두드려라"라고 말씀하셨습니다. 우리가 기도하면서 열심히 구합니다. 그리고 응답을 받기까지 인내심을 가지고 열심히 두드립니다. 그런데 찾는 것은 무엇일까요? 기도한 바를 믿음을 가지고 행하는 것이 아닐까요? 운전석에 앉아서 "하나님, 갈 길을 알려 주십시오. 말씀해 주셔야 가겠습니다" 이렇게 해도 나는 아무 곳에도 갈 수 없는 것을 압니다. 발동을 걸고 출발해서 길을 찾아가야 하나님은 우리를 안전하게 인도할 것입니다. 하나님께서 우리 믿음이 이루어지도록 역사(役事)하십니다.

교회마다 선교부가 있고 여러 남선교회와 여전도회가 있습니다. 그런데 이십여 명이 넘게 나눠 놓았지만 거의 모이지 않아 회비를 걷어 우선 모여야 한다고 회식이나 등산 등에 써버리고 막상 이름

에 걸맞은 선교 활동은 하지 못합니다. 한 교회는 이 선교회들을 활성화하기 위해서 어느 선교회든 미자립교회나 해외 선교, 또는 다문화 가족 선교 등을 계획하고 예산을 세우면 교회 선교부에서 그 액수만큼 보조금을 주기로 했습니다. 그리고 이 자금을 확보하기 위해 교회예산은 부족하므로 각 교인이 자원하는 선교헌금을 받기로 하였습니다. 이것은 선교부의 독선이라고 당회에서 반대도 심했지만 결국 성과가 있어서 선교 활동이 활발해졌습니다. 삼 년이 지난 뒤 제일 연장자의 남선교회는 기도하는 가운데 방송 선교를 하기로 하였습니다. 극동 방송국을 찾아갔습니다. 그리고 "우리 교회의 목사님은 말씀이 좋아 전파를 통해 말씀을 나누고 싶다"라고 5분 설교 같은 것을 배당해 달라고 말했습니다. 예산이 부족했기 때문입니다. 봄 프로그램 개편 때였는데 전에 맡은 분들이 놓지 않기 때문에 불가능한데 예배 내용 전체를 방송하는 55분 프로그램은 어떻겠냐는 것이었습니다. 그것도 주일 11시부터 방송하는 것이었습니다. 교회 다니는 사람은 들을 수도 없는 시간대였습니다. 그러나 이 장벽 없는 전파선교는 안 믿는 사람들을 위한 것이기도 했습니다. 교회로 돌아와 선교부장과 상의했습니다. 부장은 긍정적인 사람이어서 그동안 북한 선교를 위해 적립해 놓은 헌금이 있는데 당분간 그 자금으로 시작해보는 것이 어떻겠냐는 것이었습니다.

이렇게 해서 방송 선교는 시작되었습니다. 시작된 지 4년째, 적립해 놓은 북한 선교헌금도 바닥이 날 즈음 이 설교가 전파를 타고 이북에도 방송되는 것을 알게 되었습니다. 또 설교를 듣고 스스로 교회를 찾아오는 교인도 늘었습니다. 기도하는 바를 믿고, 믿는 바를 행동에 옮기면 주께서는 더 큰 것으로 주신다고 믿습니다. (2010.06.08.)

08

헛된 죽음은 없다

> 너희를 위한 나의 계획은 내가 알고 있다. 그것은 너희에게 재앙을
> 주려는 것이 아니라 번영을 주고 너희에게 미래와 희망을 주려는 계
> 획이다.
>
> -렘 29:11-

　예레미야는 바벨론에 있는 이스라엘의 포로들에게 70년이 차면 고국에 돌아올 수 있으리라고 말하면서 하나님의 이스라엘에 관한 생각은 재앙이 아니라 번영이요, 미래에 희망을 주려는 것이라고 말하고 있습니다. 지금도 기독교인은 많은 재난을 당합니다. 무엇 때문입니까? 재난을 극복한 우리에게 평안과 미래에 희망을 주기 위해서라고 합니다. 재앙을 통해 긴박한 구원을 깨닫는다고 합니다. 주님을 더 알아가고 의존하게 된다고 합니다. 욕심을 부리지 않고 꼭 필요한 것만으로 만족하는 방법을 배운다고 합니다. 하나님의 부르심을 묵상하게 된다고 합니다. 그런데 저는 처녀로 한국 선교사로 와서 육 개월 만에 하나님 품으로 돌아간 핏츠(Laura May Pitts) 선교사를 생각합니다. 그분은 제가 알기로는 내한 선교

사 중 가장 짧게 사역하다가 가신 분입니다. 그녀는 1910년 한일합방 당시 31살의 처녀로 전주 예수병원의 간호사로 내한했습니다. 자기보다 3년 전 전주의 신흥학교에서 가르치고 있던 유서백 선교사의 부인(유 부인이라고 불렀음)과 함께 조랑말을 타고 광주에서 전주로 오는 길이었습니다. 정읍 고갯길에서 추운 겨울, 날이 어두워졌는데 길을 잃었습니다. 낯선 외국 생활에 익숙해지기도 전에 서툴게 말을 타고 밤길을 가는데 길을 잃고 헤매게 되었으니 얼마나 무서웠겠습니까? 엎친 데 덮친다고 말이 길을 헛디뎌 함께 넘어져서 눈길에 물에 빠지게 되었습니다. 겨우 수습해서 마을에 들어와 시골 집회소 여자 교인들의 도움을 받아 방 하나를 얻어 옷을 갈아입고 저녁을 먹었습니다. 한밤에 유 부인이 물이 마시고 싶어 일어났는데 성냥이 젖어 불을 켤 수 없어서 더듬어 걸어갔습니다. 그런데 간이 군용 침대를 놓고 자는 핏츠 양의 밖으로 뻗은 손이 걸렸습니다. 손을 잡았는데 간담이 써늘할 만큼 손이 찼습니다. 그녀는 죽어 있었던 것입니다.

이 무슨 재앙입니까? 어디에 붙어 있는지도 모른 땅에 딸을 보낸 부모가 이 재앙의 소식을 듣고 얼마나 애통해했겠습니까? 하나님의 뜻을 물으며 오랫동안 기도하고 떠난 딸을 보고 있을 수밖에 없었던 부모의 심정이 헤아려집니다. 재앙이 아니고 평안을 주겠다는 하나님의 생각은 죽기까지 고난을 받은 자에게도 해당하는 말입니까? 그러나 하나님은 침묵하십니다. 계시록에서 일곱째 인을 떼고 첫째 나팔을 불기 전 한동안 하늘이 고요한 것처럼 고요

합니다(계 8:1). 그런데 제 마음은 고요하지 않습니다. 100년이 지난 뒤에 왜 핏츠 양 때문에 제 가슴이 아픈 것입니까? 그녀는 죽지 않았으며 하나님의 약속을 다 받았다는 생각이 듭니다. 그리고 지금 우리에게 그 약속을 나누어 주고 싶어 합니다. 세계에서 두 번째로 많은 선교사를 파송하고 있는 이 나라에 "나는 너희에게 나쁘게 하여주지 않고 잘하여 주려고 뜻을 세웠다. 밝은 앞날이 너희를 기다리고 있다"라고 말해주고 있습니다. (2010.06.14.)

09

가계부를 적던 시절

사람들이 모두 실컷 먹었을 때 예수님이 제자들에게 '남은 조각을 거두고 버리는 것이 없게 하라.' 하고 말씀하셨다./그래서 제자들이 남은 조각을 거둬 보니 보리빵 다섯 개로 먹고 남은 부스러기가 열두 광주리나 되었다.

-요 6:12~13-

이 유명한 오병이어의 기적은 네 복음서에 다 나와 있습니다. 그러나 요한복음을 제외한 세 복음서에는 오천 명이 배불리 먹고 남은 조각이 열두 바구니에 찼다고 기록하고 있습니다. 다만 요한복음만 예수님께서 제자들에게 남은 부스러기를 다 모으고 조금도 버리지 말라고 당부한 것이 기록되어 있습니다. 하나님께서 주신 것은 버리는 일이 있어서는 안 된다는 교훈입니다. 우리가 가진 재물은 하나님께서 주신 것인데 우리는 지혜롭게 청지기 사명을 다하는 것일까요? 저는 어디선가 '가계부를 보면 그 사람을 알 수 있다''라는 글을 보고 그럴 수 있겠다는 생각을 하였습니다. 그러나 요즘은 그 방법으로 사람을 판단하기는 어려울 것 같습니다. 가계부를 쓰는 사람이 거의 없기 때문입니다. 저는 1959년 처음 직장을 가지면서부터 가계부를 썼습니다. 쓰는 이유는 월초에 수입이 좀 있었는데 며칠 후면 도둑을 맞은 것처럼 수중에 돈이 없어지는데 어디로 갔는지 생각이 안 나기 때문이었습니다. 결혼 후 아내에게 가계부 쓰기를 강요했습니다. 아내는 쥐꼬리만 한 수입인데 가계부 쓰고 말고 할 것이 무엇이 있느냐는 표정이었습니다. 그래도 순종해서 썼습니다. 이것은 1998년 정년까지 계속되었습니다. 1970년대에는 전국적으로 가계부 쓰기를 독려했으며 주부들이 주로 사보는 '주부생활', '여성동아', '여원' 등에서는 연초에 언제나 부록으로 그해의 가계부가 붙어 나왔으며 각 은행에서도 가계부를 주며 잘 쓴 주부에게는 시상도 했습니다. 일 년 지출을 항목별로 정리해서 보면 자기 삶이 드러나며 어느 항목을 줄여 저축할 수 있는지 알 수 있기 때문입니다. 지금은 왜 가계부(신용카드의 이용명세가 있지만)를 안 쓰는 것일까요? 1960년 1인당 국민총소득은 $79이었던 것이 지금은 $20,000이 넘었으므로 돈 쓰는 것에 그렇게 관심을 가질 필요가 없게 된 것입니다. 오병이어로 5,000명을 먹였으면 되었지 나머지가 무슨 상관입니까? 그러나 주님은 제자(청지기)들에게 먹고 남은 부스러기를 모으라고 말씀하십니다. 물론 돈이 많은 사람은 자기 재산이 얼마나 되는지 지금 얼마가 남았는지 알 수도 없고, 상관하지 않습니다. 그러나 자기 소유를 맡기고 떠난 주인이 돌아온 뒤에는 그 종들과 결산할 것입니다(마 25:19). 저는 1959년의 가계부를 들여다봅니다. 방세 2,500환, 이발 100환, 쌀(5되) 1,450환, 영화 400환, 구두 찐 120환(당시는 구두가 잘 닳아서 말발굽처럼 철제(鐵蹄)를 박아 신었습니다). 참 가난했지만 즐거운 한때였습니다. 은퇴해서 수입도 적지만 주어진 돈을 하나님의 청지기처럼 충성스럽게 아끼며 쓰고 살았던 때가 그립습니다.
(2010.06.21.)

10

노부부들이여 맛을 찾으라

> 너희는 세상의 소금이다. 그런데 소금이 그 맛을 잃으면 어떻게 다시 짜게 할 수 있겠느냐? 그런 것은 아무 쓸모가 없어 밖에 버려져 사람들에게 짓밟힐 뿐이다.
>
> -마 5:13-

노인들이 많이 걸리는 병은 물론 노인병입니다. 그러나 그보다 더 무서운 정신적 질환은 매사가 시큰둥하고 싫어지는 일입니다. 밖에 나가기도 싫고, 사람 만나기도 싫고, 먹는 것도 싫고, 그리고 교회 나가는 것도 행복하지 않고 싫은 것입니다. 죽어야 할까요? 그렇다고 죽을 정도의 병이 든 것은 아닙니다. 한마디로 소금이 맛을 잃은 것입니다. 그래서 모두가 자기를 쓸모없는 존재로 생각해서 백안시하고 짓밟으며 자기도 자기가 싫어진 것입니다. 그런 분들에게 저는 제 처방을 가르쳐 드리고 싶습니다.

첫째 기도의 즐거움을 회복하십시오. 늙으면 기도의 부탁을 많이 받게 됩니다. 자녀의 결혼 문제, 입학, 취직 문제, 군대 생활의 문제, 각종 신앙의 갈등 등……. 없으면 각종 선교단체에서 주는 기도 제목이 있습니다. 이들을 놓고 기도하고 있으면 지금은 대상자가 어떻게 되었는지 전화를 해보고 싶어집니다. 주일이 되면 교회에서 그 사람을 직접 만나고 싶어집니다. 교회 생활도 즐겁고 생기가 되살아납니다.

둘째 쇼핑을 해보십시오. 적은 돈 드는 쇼핑을 하는 것입니다. 아내가 열심히 신문 광고에서 할인 매출하는 것들을 찾아내는데 늙으면 입는 옷, 신발, 접시나 찻잔들도 다 못 입고 못 쓰고 죽을 것인데 무엇을 더 사서 보태려 하느냐고 핀잔만 주지 말고 사러 나가는 것입니다. 싸게 옷이나 구두를 사보십시오. 아내는 집에 와서 콧노래를 부르며 밥을 지을 뿐 아니라 비싸지도 않은 새 옷으로 패션쇼를 하며 방안에서 새 신발을 신고 다닐 것입니다. 이것은 소금이 짠맛을 회복하는 일입니다.

예수님은 산상에서 제자들에게 팔복을 강해하신 뒤 바로 너희는 세상의 소금이라고 말씀하셨습니다. 소금 노릇을 하라고 말씀하시지 않고 소금의 본성을 가진 존재가 되라고 말씀하신 것입니다. 노인이 어떻게 세상에서 소금 역할을 할까 걱정하면서 녹아서 남을 위해 희생하는 일도 못 하고 부패한 세상에서 방부제 역할도 못 하고, 대중 앞에서 입맛을 돋우는 소금 역할도 못 한다고 한탄하고 있을 것이 아니라 내가 소금으로 존재하는 삶을 회복하는 것이 하나님 앞에 바른 일입니다. 하나님께서는 우리에게 "너희는 세상의 소금"이라고 말씀하십니다. "우리가 어떻게 하여야 소금이 되어 하나님의 일을 할 수 있겠습니까?" 하고 위대한 질문을 하지 말고 그냥 소금으로 존재하기만 하면 됩니다. 내가 짠맛을 회복하고 다른 사람에게 그 삶을 보여주는 소금으로 존재하기만 하면 하나님께서는 기뻐하신다고 생각합니다. (2010.06.28.)

11

부흥에 앞서 감사를

> 그들은 하나님을 알면서도 그분을 하나님으로서 영광스럽게 하지
> 않고 감사하지도 않으며 그들의 생각은 쓸모없고 그들의 어리석은 마
> 음은 어두워졌습니다./그들은 스스로 지혜로운 체하지만 사실은 어
> 리석어서/영원히 살아 계시는 하나님을 섬기지 않고 오히려 썩어 없
> 어질 사람이나 새나 짐승이나 기어다니는 동물 형상의 우상을 섬기
> 고 있습니다.
>
> -롬 1:21~23-

위 성경 말씀은 사람들이 하나님을 알면서도 점차 배도(背道)해
서 하나님을 동물의 형상으로 만들어 놓는 단계를 말하고 있습니
다. 첫째는 하나님을 받들어 섬기지 않는 것이고 '감사하지 않은
것'은 우리가 하나님을 멀리 떠나는 두 번째 단계입니다. 올해로 우
리는 6·25를 맞은 지 60년이 됩니다. 그동안 참전 용사에게 국가에
서 정식으로 감사하지 않은 것은 부끄러운 일입니다. 다행히도 올
해에는 보훈처가 주관해서 국가에서 참전 국가 16개국과 의료 지
원국 4개국의 생존 참전 용사와 우리나라 참전 용사를 초청해서
올림픽공원체조경기장에서 그들께 감사하고 각국 대표와 우리나

라 대표에게 각각 감사패(사진 액자)를 드렸습니다. 한국 전쟁 때 연인원 572만 명을 보내고 전사자 5만 4천여 명을 낸 미국을 미워만 하고 있다가 60년 만에 감사했다는 것은 획기적인 생각의 변화입니다. 감사할지 모른 것은 구세대의 잘못입니다. 새로운 세대인 젊은이들에게 과거를 정확히 알려주지 못한 책임이 있기 때문입니다. 이스라엘 백성들은 하나님의 계명을 마음에 새기고 자녀들에게 부지런히 이를 가르쳤습니다(신 6:7).

저는 부흥에 열중한 교인들에게 이 땅에 묻힌 선교사들의 이야기도 해 주어야 한다고 생각합니다. 제가 말하고 싶은 선교사는 이눌서(Reynolds, William Davis)입니다. 그는 미국 남장로교회에서 한국에 최초로 파송한 7인 선발대 선교사 중 한 사람입니다. 그는 언더우드 목사의 강연을 듣고 한국 선교를 결심했는데 남장로교 선교부는 한국처럼 알지 못하는 나라에는 선교를 시작할 어떤 방법도 어떤 마음도 없다고 거절당했습니다. 그러나 끈질긴 청원으로 허락을 받았습니다. 언어와 풍속이 맞지 않은 곳에 와서 이눌서는 조랑말 하나에는 침구와 짐들을 산더미처럼 싣고 그 위에 탔으며 다른 하나의 조랑말에는 엽전을 싣고 다니며 동학란 전야로 어지러운 한국 땅을 누비며 어학 선생을 앞세워 선교하고 다녔습니다. 이듬해 여름(1893.08.)에는 아내가 임신했을 때 너무 더워서 한 절간을 빌려 출산을 했는데 10일 만에 아들을 잃었습니다. 그는 순회 전도사로, 성서 번역위원으로, 평양신학교의 교수와 기관지『신학지 남』편집인으로 지대한 공을 세웠습니다. 아들 이보린

(Reynolds, John Bolling)도 우리나라 교육 선교사로 일했는데 그는 우리나라를 자기가 태어난 제일 조국이라고 부르며 죽은 뒤는 우리나라에 묻히기를 원했습니다. 그래서 1970년 미국에서 사망한 유골을 비행기로 운반해서 외국 선교사 묘역인 양화진 1 묘역 마-19번에 10일 만에 죽은 그의 동생과 같이 묻혔습니다. 이렇게 우리나라를 사랑하고 생명을 땅에 묻은 선교사들로 인해 우리의 기독교가 부흥한 것입니다. (2010.07.05.)

12

첫사랑을 잃고 있는가

> 그러나 너를 책망할 일이 한 가지 있다. 너는 너의 첫사랑을 버리
> 고 말았다.
>
> -계 2:4-

요한이 받은 계시 속에서 에베소 교회는 "첫사랑을 버리고 말았
다"라고 꾸중을 들었습니다. 세계 7대 불가사의 중의 하나라고 일
컬어지는 아르테미스 신전을 지어 놓고 온갖 우상숭배와 특히 황
제를 숭배해서 기독교인을 박해했던 곳이 에베소입니다. 그런 곳에
서 바울은 3년이나 모든 겸손과 눈물로 목회를 했습니다. 특히 두
란노서원에서 2년간이나 말씀을 가르치자 심지어 마술하던 많은
사람까지 그들의 책을 모아다가 불사르기도 했습니다. 그리고 그
가 떠날 때 "내가 떠나고 나면 사나운 이리떼 같은 거짓 선생들이
여러분 가운데 들어와 양떼를 사정없이 해칠 것이며/ 여러분 중에
서도 그와 같은 사람들이 일어나 그릇된 것을 가르쳐서 신자들을
꾀어내어 자기들을 따르게 할 것입니다(행 20:29~30)"라고 예언으로
그들을 경고했습니다. 그들은 바울의 경고를 잘 들었습니다. 따라

서 그런 교회를 향해 요한에게 주신 그리스도인 칭찬의 말씀은 "악한 사람들을 용납하지 않고 자칭 사도라는 사람들을 시험하여 그들의 거짓을 밝혀낸 일(계 2:2)"이었습니다.

교회에서 악한 자들을 가려내는 것과 거짓 사도를 시험해서 그 것을 입증하는 일이 얼마나 어려운 일입니까? 우리가 이단을 가려 내려면 얼마나 어렵습니까? 예수 그리스도를 바로 알고 있는가? 바른 구원 관을 가지고 있는가? 교회를 무엇이라고 생각하는가? 등 많은 신학적인 문제와 교리, 교회 헌법 등이 동원될 것입니다. 그래서 모든 교인을 비판의 눈으로 봐야 합니다. 나의 의가 높아져 서 바리새인처럼 첫사랑을 잃을 수 있습니다. 주의 날을 맞는 기 쁨, 하나님의 보호에 대한 순진한 감사, 기도할 때에 얻는 마음의 평안, …… 이렇게 예수님을 처음 영접할 당시에 가졌던 사랑은 잃 어버리기 쉽습니다.

저는 자신이 바리새인처럼 보이는 것이 아닌지 걱정됩니다. 20여 년 전 제자가 어떻게 수소문해서 저에게 이메일을 보내왔습니다. 저와 함께 교회 생활 하던 때가 그립다는 것이었습니다. 몇 번 즐 거운 편지가 오간 뒤 저는 제가 쓴 『말씀 묵상과 기도』라는 책자 를 보내주었습니다. 그 뒤로 소식이 끊어졌습니다. 말씀을 묵상하 고 해석하고 적용하는 그런 여러 가지 일들이 부담스러운 것 같았 습니다. 목사님 말 잘 순종하고, 새벽기도와 부흥회에 은혜받고, 방언 기도로 가족과 이웃을 위해 기도하고, 죽어 작별한 성도들 천국에서 반갑게 만날 것을 소망하고 살면 되는 것이지 하나님의 마음과 뜻을 알려고 노력하고 성경공부 하면 무엇이 달라지는가? 어차피 알지도 못할 것 아닌가? 이렇게 생각했는지도 모릅니다.

저도 성경 공부하며 교회 생활 하다 보니 바리새인이 되어가고 하나님을 믿던 처음 사랑을 잃어가고 있는 것이 아닐까요? (2010.07.19.)

13

지금은 준비할 때

> '…그러므로 너희도 준비하고 있어라. 생각지 않은 때에 내가 올 것
> 이다.'
>
> -눅 12:40-

친지들의 주소와 전화번호 등을 조직적으로 기록하여 보관하기
위해 지금까지 알따란 주소록 수첩이나 명함 보관 책자 같은 것을
썼습니다. 그러나 요즘은 핸드폰이 많은 이름과 전화번호를 기억
할 수 있어서 별로 그런 것을 쓰지 않는 것 같습니다. 그러나 20,
30년 전까지도 '롤로덱스(Rolodex)'라고 간단한 인적사항과 전화번
호를 기록하여 알파벳순으로 꽂아서 사무실에서 회전해 가면서 이
름을 찾는 것도 있었고, 가정용으로 좀 더 간편한 것이 나온 것도
있었습니다. 저는 후자를 오랫동안 쓰고 있었는데, 요즘은 쓰지 않
게 되어 방치되어 있었습니다. 아내가 그것을 찾아내어 버릴 때가
되었다고 해서 아까운 생각이 들어 제 방으로 가져왔습니다. 그
속에는 추억에 남는 여러 사람의 이름이 있었습니다. 그런데 불필
요한 카드를 뽑아내다 보니 벌써 세상을 뜬 분들이 머리 감을 때

머리 빠지듯이 우수수 나오는 것이었습니다. 존경하던 목사님, 선배님, 동료 직원들, 그리고 후배들도 많았습니다.

이제는 저도 떠날 때가 가까이 오고 있구나 하는 생각을 하게 되었습니다. 누가복음에는 "그러므로 너희도 준비하고 있어라"라는 말이 있습니다. 제 주변 동료 중에도 당뇨로 시달리며 매주 세 번씩 투석하는 사람도 있고, 또 신체 마비로 말을 못 하며 양로원이나 시설을 찾고 있는 사람도 있습니다. 그런데 제게는 왜 이런 일이 안 생길 것이라고 대범하게 생각하고 살고 있는지 모르겠습니다.

카드를 정리하던 날 저는 아는 교인 집의 집들이가 있어 차를 타고 나갔습니다. 길을 잘못 들어 차선도 없는 샛길로 들어섰는데 U턴하기도 어려웠습니다. 다행히 좀 넓은 장소를 찾아 U턴을 시도했는데 앞에 차가 있어 약간 후진을 했습니다. 그런데 그 뒤에 어느새 차가 와서 서 있었던 것입니다. 그것이 접촉사고였습니다. 사고는 작든 크든 저에게 큰 정신적인 충격을 주었습니다. 운전이 두려워지고 사는 것에 공포가 생기며 의욕이 없어졌습니다. 차를 운전하고 나갈 때 저에게는 사고가 생긴다는 생각은 한 일도 없을 만큼 자신이 있던 저였습니다.

제 신앙생활도 그런 것이 아닐까요? 교회에 나가고, 기도하고, 헌금하고, 친구들과 노닥거리고,…… 그리고 나는 영적으로 깨어 있다고 생각한 것입니다. 생각해 보면 주의 날을 맞는 기쁨은 사라졌습니다. 구원받은 은혜에 대한 감격과 감사도 사라졌습니다. 하나님의 저에 대한 사랑도 안 느껴지게 되었습니다. 그러면서도 영적으로 깨어 있다고 생각한 것입니다.

접촉사고는 "생각하지 않을 때 인자가 오리라" 하는 말을 깨닫게 해 주는 사건이었습니다. (2010.07.26.)

14

상처를 주고도 무감각한 교회

> 그러므로 사람의 혀는 불과 같고 악으로 가득 찬 세계와 같습니다. 혀는 몸의 한 부분이지만 온몸을 더럽히고 우리의 생애를 불태우며 끝내는 혀 그 자체도 지옥 불에 타고 맙니다.
>
> -약 3:6-

교회를 잘 다니고 신앙생활을 열심히 하려고 하다가 오히려 교회를 떠나는 사람이 있는데, 이는 흔히 성도 간의 말실수 때문에 상처를 받고 또 그것을 이겨내지 못한 경우입니다. 야고보도 말로 행함을 대신하려는 행함이 없는 믿음은 죽은 것이라고 말한 뒤 이제는 혀를 조심하라고 말합니다. 혀는 인간의 속마음, 탐욕, 허영, 시기, 이기적인 생각을 밖으로 토해내는 일을 하고 있으므로 속마음을 다스릴 수 없는 인간의 본성을 말해준다고 볼 수 있습니다. 혀는 바로 그 사람이기 때문에 그 사람이 변하지 않은 이상 아무도 이를 제어할 수 없습니다. 그래서 잠언서는 "수다를 떨고 돌아다니는 사람은 남의 비밀을 누설하는 자이다. 그러므로 그런 사람과 사귀지 말아라(잠 20:19)"라고 말하고 있습니다. "어리석고 무식

한 변론을 피해야 합니다. 그대도 알겠지만 이런 것에서 다툼이 일어납니다(딤후 2:23)"라는 말도 있습니다. 또 "나무가 다하면 불이 꺼지고 수다장이가 없으면 싸움이 그친다(잠 26:20)"라고 어리석은 사람이 없어지기를 오래 참으라는 격언도 있습니다.

이민 교회에는 여인들은 일정한 직장이 없이 자녀들만 돌보는 분들이 많습니다. 그들은 가끔 이집 저집 나들이를 하면서 일만 만드는 사람일 수 있습니다. 물론 바울은 주의 재림이 임박했다고 일하지 않고 노는 사람들을 향해 말한 것이었지만 그런 분들에게 "그러므로 우리는 주 예수 그리스도의 이름으로 이런 사람들에게 명령하며 권합니다. 조용히 일하며 자기 생활비를 벌어서 살도록 하십시오(살후 3:12)"라고 자기 일을 돌아보며 남의 일을 말하고 다니지 말라고 권면하고 있습니다.

가끔 교역자 때문에 오는 어려움이 있을 수도 있습니다. 참 하나님의 말씀은 누구를 통해 선포해도 능력이 있습니다. 그러나 때로 교역자가 자기 생각을 하나님의 말씀을 빙자해서 전하고 있다고 오해하는 경우가 많이 있습니다.

저는 한국에서 전도하여 믿음을 갖게 된 한 제자가 미국에 가서 한인 교회를 잘 다니고 있었는데 그가 최근 힘들어서 교회를 잠시 쉬어야겠다고 호소하는 편지를 보내와서 너무 가슴이 아팠습니다. 구체적으로 그 이유를 물을 수가 없었는데 교회에서 상처를 받은 것이 분명합니다. 어쩌면 '혀'의 문제인지도 모릅니다. 여러 가지 이유로 교회를 떠나는 사람이 많습니다. 그러나 누구도 혀를 다스릴 인간은 없습니다. 그 일을 해결하는 것은 거듭나서 성령의 도우심을 받을 수밖에 없습니다. 저는 교회를 떠난 분명한 이유를 알았다 해도 그것을 해결해 줄 능력이 없습니다. 그래서 이유도 묻지 않고 다만 하나님을 의지해서 도와 달라고 기도할 뿐입니다. (2010.08.02.)

15

언제 마귀는 나쁜 생각을 넣어주는가

> 예수님이 제자들과 함께 저녁 식사를 하실 때 이미 마귀가 시몬의
> 아들 가룟 유다의 마음 속에 예수님을 팔아 넘길 생각을 넣었다.
>
> -요 13:2-

2009년에 미국의 워싱턴주에 있는 한 교회에서 62세의 할머니가 교회 헌금 $ 73,000을 훔쳐서 기소된 일이 있었었는데 그때 그 할머니는 마귀가 시켜서 그렇게 했다고 진술했다고 합니다. 어떻게 합니까? 마귀에게 절도 교사죄를 선고해야 합니까? 그런데 마귀는 실체가 없습니다. 그뿐 아니라 그는 유혹은 해도 범죄를 지시하지는 않습니다. "네가 우울하냐? 그럼 헌금을 슬쩍 가로채면 기분이 좋아질지도 모르는데" 또는 "세상 살기가 너무 단조롭냐? 무슨 스릴 있는 일을 생각해봐" 이렇게 말했을지도 모릅니다.

우리나라에서도 얼마 전에는 34살 먹은 한 여성이 5년간에 백화점이나 대형 마트를 상대로 5백 회나 절도 행각을 하다가 붙들린 일이 있었습니다. 그녀는 생활이 어려워서도 아니고 물건을 보면 훔치고 싶은 충동이 생겨 집에 가져다 놓은 것인데 상품을 뜯어보지도 않고 여기저기 집안에 쑤셔 넣어 두었다고 합니다. 그런데 이 여인은 자기 죄를 자백했고 마귀가 시켜 그런 일을 했다는 말은 하지 않았습니다. 그리 보면 기독교인이 책임을 전가하고 자기를 합리화하려는데 훨씬 교활한 것 같습니다.

저는 오래전에 한 여대생으로부터 자기는 빨리 늙어버리고 싶다는 고백을 들었습니다. 주변에 유혹이 심해서 자기 몸을 경건하게 지킬 수 없을 것 같다는 이야기였습니다. "유혹의 원인이 무엇인데?" "육신의 정욕과 안목의 정욕이지요" "잘 알고 있구먼. 그럼, 그것을 물리치면 되잖아" "마귀의 유혹이 너무 심해요. 교수님, 마귀를 물러나게 해 달라고 기도 좀 해 주세요" "나는 그런 기도 못 해" "왜요?" "이것은 네 결단과 실천의 문제야. 네가 거듭나서 예수님 안에 굳건히 서 있으면 마귀는 너를 유혹하지 못해. 그러나 네가 예수님 밖, 즉 세상에 나와 기웃거리고 있으므로 그때부터 마귀가 너를 자녀로 삼은 것이야"

그 여학생은 지금 결혼해서 행복한 가정을 이루고 있습니다. 마귀가 어떻게 악한 생각을 우리 마음속에 넣는 것일까요? 가지가 포도나무에 붙어 있을 때 어떻게 하면 더 풍성한 열매를 맺을 수 있을까, 어떻게 하면 주인의 소득이 늘어날까? 걱정하지 않습니다. 그런 걱정은 나쁘지 않고 좋은 것입니다. 물질로, 명예로, 권력으로 하나님께 영광을 돌리겠다는 생각은 얼마나 좋습니까? 그러나 포도나무 가지의 본분을 잊은 생각을 할 때 마귀는 마음에 들어옵니다. 마귀는 자기를 광명한 천사로 가장합니다. 가룟 유다에게 예수님을 팔아넘길 생각을 넣어준 때는 그가 어려운 사람을 구제하고 유대민족을 구할 수 있는 더 큰 꿈을 꿀 때였다고 생각합니다. (2010.08.09.)

16

걱정을 즐기는가

> 그러므로 내일 일을 걱정하지 말아라. 내일 일은 내일 걱정할 것이
> 오. 한 날의 괴로움은 그 날의 것으로 충분하다.
>
> -마 6:34-

　인간은 걱정하지 않고 살 수는 없는 것 같습니다. 비가 오면 염전을 하는 아들 때문에 걱정이요 날이 들면 우산 장사하는 아들 때문에 걱정합니다. 자녀가 없으면 없어서 걱정이요 있으면 아플까 봐 걱정입니다. 키가 작아서 걱정합니다. 학교에 들어가면 과외로 밤늦게 다니는 것 때문에 걱정입니다. 등록금 때문에 걱정하고 학교를 졸업하면 취직 때문에 걱정합니다. 취직하면 장가나 시집을 안 가서 걱정입니다. 결혼하겠다면 어떻게 집을 마련해주나 또 걱정합니다.

　자녀뿐 아니라 자신 때문에도 걱정합니다. 머리가 빠져서 걱정입니다. 배가 나와서 걱정입니다. 난청, 난시가 생겨서 걱정입니다. 혈압이 높아지고 당 수치가 높아져서 걱정입니다. 갑자기 가슴에 찌르는 듯한 통증이 오면 심근경색이 아닌가 하고 걱정합니다. 인간은 죽어야 걱정에서 벗어날 것 같습니다. 예수님은 "너희 생명을 위해 무엇을 먹을까, 무엇을 마실까, 너희 몸을 위해 무엇을 입을까 걱정하지 말아라(마 6:25)"라고 말합니다. 그러나 사람들은 예수님이 옷이 한 벌 뿐이요 집에서 요리를 안 해봐서 그러지 외출하려면 무엇을 입을까, 또 식사 때면 무엇을 먹을까 걱정 안 할 수가 없다고 합니다. 우리의 걱정은 입을 것, 먹을 것이 너무 많아 몸과 목숨보다 치장하는 데 더 신경을 쓰기 때문이 아닐까요? 또 예수님은 "너희 중에 누가 걱정한다고 해서 자기 키를 한 치라도 더 늘릴 수 있느냐?(마 6:27)"라고 말합니다. 우리는 전능하신 하나님께 맡겨야 할 일을 자기가 끌어안고 걱정하는 것이 아닐까요?

영국의 사업가로 아서 랭크라는 분이 있었는데 중년기에는 주일학교 교사도 했으며 신실한 감리교인이었다고 합니다. 그는 밤낮 사업에 대한 고민과 걱정으로 헤어날 수 없었는데 하루는 '수요일 걱정 상자'라는 것을 고안해 냈습니다. 그래서 걱정거리가 생기면 그 제목을 적어 수요일에 상자 속에 넣고 나머지 6일 동안은 평안한 마음으로 사는 것입니다. 그리고 수요일이 되면 그 상자를 열어 보는데 이상하게도 벌써 해결된 걱정도 많았고 어떤 것은 대수롭지 않은 것으로 바뀌어 있었다는 것입니다.

우리도 죽기 전에 한 번 써 볼만한 방법입니다. 대개 불확실한 미래에 대한 걱정인데 예수님께서는 "내일 일은 내일 걱정할 것이오(마 6:34)"라고 말하고 있습니다. 내일 일을 미리 걱정해야지 어떻게 내일이 되어서 걱정합니까? 하나님이 개입하셔서 스스로 해결하신다는 말이 아닐까요? 사람은 걱정하기를 좋아합니다. 그래서 운전할 때도 공연히 과속해서 속도 측정 카메라에 찍힐까 봐, 또는 경찰에 붙잡힐까 봐 자기가 일을 만들어 걱정합니다. (2010.08.16.)

17

구경하는 신앙

> 예수님은 곧 능력이 자기에게서 나간 것을 아시고 돌아보시며 '누가 내 옷을 만졌느냐?' 하고 물으셨다./그러자 제자들이 예수님께 '군중이 이렇게 밀어닥치는 것을 보시면서 누가 만졌느냐고 물으십니까?' 하고 말하였다.
>
> -막 5:30~31-

위 이야기는 예수님이 공생애를 시작해서 2년이 다 되어가는 소위 갈릴리 중기 사역 때의 일입니다. 예수님의 인기가 최절정이 되어 피해 다닐 수밖에 없었는데 갈릴리 호수 동편으로 제자들이 예수를 모시고 가다가 광풍을 만났을 때 그분은 광풍을 잔잔하게 하셨습니다. 또 그곳 거라사인의 땅에서는 귀신 들린 자 안에 있는 귀신의 군대들을 이천 마리나 되는 돼지 속으로 들여보내 물속으로 빠져 죽게 했습니다. 다시 호수 맞은편, 어쩌면 가버나움에 와서는 회당장 야이로의 딸이 죽을병이 들었는데 고쳐달라고 청해서 가는 길이었습니다. 그사이에 열두 해를 혈루증으로 앓아온 여인이 예수의 옷에 손을 대서 병이 나은 이야기입니다. 이때 예수 주변에는 예수의 이적을 구경하려고 몰려든 무리가 따라가며 에워싸

밀고 있었습니다(막 5:24). 그런데 그사이를 부정해서 접근이 금지된 혈루증 환자가 숨어들어 병 나으려는 일념으로 예수님의 옷자락을 만지고 곧 혈루 근원이 마른 것을 안 것입니다. 주께서는 치유의 능력이 자기에게서 나간 줄을 알고 "누가 내 옷을 만졌느냐?"고 물었습니다. 예수님은 능력이 많아서 옷자락에 손만 대도 거저 병이 낫는 줄 알았는데 모든 치유에는 예수님의 능력이 필요했던 것입니다. 예수를 찾아간 것은 병자의 의지였지만 낫게 한 것(구원)은 주의 능력이었습니다. 예수님은 병자와 눈을 맞추고 싶어 그를 찾았고 그녀는 많은 군중 속에서 주님이 찾고 있는 사람이 바로 자기인 줄 알고 "두려워 떨며 예수님 앞에 와서 엎드려 사실대로 말하였습니다(막 5:33)" 그래서 구원을 얻었습니다. 주님과의 교감이 이루어진 순간입니다.

저는 기독교 학교의 교사로 있을 때 아침마다 있는 5분 말씀 나눔 시간에 "여러분은 서로 짐을 짐으로써 그리스도의 사랑의 법을 실천하십시오(갈 6:2)"를 읽었습니다. 그때 저는 이 구절을 이해할 수가 없었습니다. 자기 짐도 무거워 허덕이고 있는데 어떻게 남의 짐까지 '서로 지라'고 말씀하시는지 성경 말씀이 이해되지 않았습니다. 그런데 좋은 그림을 하나 찾았습니다. 여러 사람이 무거운 괴나리봇짐을 지고 한 줄로 걸어가고 있는데 뒷사람이 앞 사람의 짐을 뒤에서 들어주고 있는 그림이었습니다. 남의 짐은 내가 들어주고 내 짐은 뒷사람이 또 들어주는 것입니다. "무거운 짐을 지고 가는 사람을 보면 측은히 여기고 짐을 져 주어라. 네 짐은 또 누군가가 걱정해 줄 것이다"라는 하나님의 음성을 들은 것 같았습니다. 이 그림을 그려서 보여주며 말씀을 나누었는데 30년 뒤에 그때 처녀로 있었던 한 선생을 만났는데 그 그림이 늘 잊히지 않는다는 말을 했었습니다. 저는 그 순간이 주님과의 교감이 있었던 때였다고 생각합니다. 이렇게 성경을 통해 하나님을 알아가는 일을 하고 있습니다. 그러면서 지금도 구경꾼으로 주님 주변을 맴도는 사람을 보면 안타깝습니다. (2010.08.23.)

18

죽음을 이긴 부활

> '죽음아, 너의 승리가 어디 있느냐? 죽음아, 네가 쏘는 것이 어디
> 있느냐?'
>
> -고전 15:55-

바울은 그리스도인들의 부활을 말한 뒤 주께서는 우리를 위해 십자가에 돌아가시고 죽음의 권세를 이기시고 살아나셨다고 말하고 있습니다. 이제는 그분이 우리를 죽음의 권세에서 건져내셨음으로 죽음의 승리는 있을 수 없습니다. 사망은 죄로 말미암으며 죄는 율법으로 말미암은 것인데 이제 믿는 우리에겐 세상 사람이 흔히 말하는 죽음은 없습니다. 믿는 우리를 죽음이 위협할 수 없습니다. 죽음의 독침에는 이제 독이 빠져 있습니다.

주를 영접하기 전까지 우리는 죽음을 두려워하지 않고 화친해 보려고 안간힘을 썼습니다. 옛날부터 우리 조상들은 죽음을 거역하지 않고 자연의 이치를 따라 받아들이는 훈련을 해왔습니다. 그중의 하나가 자기 묏자리를 먼저 정해놓고 시간 나는 대로 그곳에 가서 자기가 묻힐 걸 생각하며 그 묏자리를 쓰다듬고 사랑하며 그곳이 명당 자리일까 하고 둘러보는 것입니다. 종교를 갖지 않아 내세를 믿지 않는다고 할지라도 죽음은 자연의 이치라고 생각하고 이런 천명에 순응하는 것입니다. 또 집에 자기가 들어갈 관을 사서 처마 밑에 매달아 놓고 늘 쳐다보며 수의를 만들어 장롱에 넣어놓고 시간이 나는 대로 꺼내서 자기와 함께 묻힐 옷감을 생각하며 사랑하는 마음으로 어루만지는 것입니다. 이렇게 죽음을 사랑하고 있다가 때가 되면 죽는다고 생각하며 살았습니다.

기독교인도 이렇게 죽음을 받아들이는 것일까요? 아닙니다. 우리는 마귀가 왕 노릇을 하는 죽음을 이기고 적극적으로 승리하는 것입니다. 예수님이 그렇게 본을 보이시고 부활의 첫 열매가 되셨기 때문입니다. 저는 오래전 사랑하는 젊은 목사가 세상을 떠났을 때 장례를 집례하던 목사가 고전 15:55 절을 들고 설교하면서 "사망아 네가 쏘는 것이 어디 있느냐?"고 말한 말씀을 이해하지 못했습니다. 교인들이 밤낮으로 릴레이 기도를 했는데 돌아가시자 결국 주의 성실한 종도 자연의 이치를 따라 죽을 수밖에 없다고 허탈한 생각을 하고 있었던 것입니다. 지금 생각하면 당시 저는 예수님은 십자가에 돌아가셨지만, 인간의 죄를 위해 돌아가셨으며 다시 죽음을 이기고 육신을 가지고 부활하셨다는 것을 믿지 못했던 것 같습니다. 부활이 우리의 죽음에 대한 가치관을 바꾸어 놓은 것을 깨닫지 못한 것입니다. 그때 젊은 목사는 우리 눈으로는 죽었지만, 예수님의 부활 때문에 죽음을 이기고 승리해서 주께 나아간 것입니다. 주님이 우리 죄를 위하여 십자가에 돌아가시고 부활하시어서 우리를 부르시는 천국은 우리의 이성과 자연법칙을 초월합니다.

우리는 죽음과 화친해서 죽음을 사랑하고 이 세상에 묻히는 것이 아니고 주님의 부활 때문에 죽음을 이기고 부활의 소망으로 주의 보좌로 나아간다고 생각합니다. (2010.08.30.)

영을 위한 보톡스

> 그분은 또 나에게 이렇게 말씀하셨습니다. '이제 다 마쳤다. 나는 처음과 마지막이며 시작과 끝이다. 내가 목마른 사람에게 생명의 샘 물을 값 없이 주겠다.…
>
> -계 21:6-

요즘 우리나라에는 보톡스를 맞는 사람이 늘고 있는 것 같습니다. 얼굴에 주름을 없애기 위해 흔히 보톡스 주사라고 하는 보툴리눔 독소를 피하에 주입해서 신경에서 근육으로 접합되는 부위에서 방출되는 신경 전달물질의 분비를 막아서 주름살 만드는 근육을 3~6개월 마비시키는 것이라고 합니다. 한번 맞는 시술비는 최저가로 50만, 60만 원이라고 하는데 6개월이면 효과가 없어지기 때문에 다시 6개월 후에는 또 맞아야 합니다. 계속 반복하고 있으면 주기가 좀 늦어진다고 하지만 평균 수명이 늘어난 요즘 평생 맞고 있을 수는 없는 일입니다. 이런 보톡스 주사액의 매출 규모가 연 60~100억에 이른다니 얼굴 모습을 예쁘게 보이기 위한 노력이 가상하기도 합니다. 부작용도 적지 않은 모양입니다. 전 정계의 최고위급 인사도 보톡스를 맞아 눈이 감기는 현상과 안면 근육의 마비로 불편을 느꼈다는 보도를 보면 부작용도 무시 못 할 것 같습니다.

이번에 RBC(Radio Bible Class)의 일용할 양식에 데니스 드 한(Dannis J. De Haan) 씨가 영혼을 위한 보톡스라는 글을 썼는데 감명 깊게 읽었기 때문에 저도 영혼을 위한 보톡스를 생각해 보게 되었습니다.

우리가 외모에 대해 그렇게 큰 관심을 두는 것이라면 내면의 아름다움에 대해서도 이를 위한 보톡스 주사가 있다면 맞을만하다고 생각됩니다. 영을 위한 주사면 어떤 효과를 가져올까요? 물론 사랑이 충만해지고 기쁨이 충만해지며, 어려운 이웃에 대해 측은한 생각이 들며 용서하는 너그러운 생각이 넘칠 것 같습니다. 탐욕이 없어지고 마음에 평안이 옵니다. 세상의 모든 것을 갖다 주어도 채워지지 않은 갈증이 해소될 것 같습니다. 이 영혼을 위한 보톡스 주사에는 독성이 없습니다. 또 무료입니다. 예수님은 "내가 목마른 사람에게 생명의 샘물을 값 없이 주겠다"라고 말씀하고 계십니다.

영을 위한 보톡스를 맞으러 갑시다. 예수님이 어디 계신지 모른다고요? 교회에 가서 목사님 말씀을 들읍시다. 누구를 통해서 듣든지 진정한 하나님의 말씀은 능력이 있습니다. 성경 공부를 합시다. 성경은 살아계신 하나님의 말씀입니다. 기도하러 갑시다. 기도는 하나님과의 대화입니다. 이렇게 해서 영을 위한 보톡스 주사액을 받아들이면 속사람이 거듭나서 아름다워집니다. 계속해서 맞아도 무료입니다. 더구나 부작용이 전혀 없습니다. (2010.09.06.)

20

언제 우리는 불의에서 깨끗해지는가

> 우리가 우리 죄를 고백하면 신실하시고 의로우신 하나님은 우리
> 죄를 용서하시고 모든 죄악에서 우리를 깨끗하게 하실 것입니다.
>
> -요일 1:9-

얼마 전에 대통령이 추천한 장관들에 대한 청문회가 있었습니다. 그것을 듣고 있으면 우리나라를 다스리겠다는 장관님들이 얼마나 돈을 좋아하고, 범법자이고, 이기적이며, 불의한 사람들인가 하는 생각을 하게 됩니다. 청문회에서 질문하는 분들은 좋은 미끼를 하나 잡은 것처럼 의기양양해서 불의를 고발하는데 꾸중을 듣는 장관 후보자들은 "죄송합니다", "반성합니다", "불찰입니다"하고 주눅이 들어 있습니다. 청문회가 뭐 하자는 것인가 하고 생각하게 됩니다. "잘 알아 두십시오. 앞으로 이런 분이 장관이 되어 여러분을 다스릴 것입니다"하고 국민에게 광고하는 것인지, 모두 갈아치우라고 주장하는 것인지 알 수가 없습니다. 다 갈아치우면 청렴결백한 사람이 나올 수 있을까요? 지금 당당하게 질문하고 있는 분들을 아예 장관으로 세우면 온 국민이 손뼉을 칠까요? 아무도 죄를 고발하는 사람이 없게 될까요? 그러나 만일 지금 묻는 사람이

나 대답하는 사람이 대동소이하게 불의한 사람들이라면 지금 누가 누구를 탓하며 누가 누구에게 용서를 비는 것입니까?

이것은 그래도 부패한 우리 사회가 깨끗해지도록 각자가 자성하며 올바른 민주주의의 정착을 위해 각고의 노력이 요구하는 과정이라고 생각합니다. 불의한 인간의 본성은 자기의 노력만으로는 의로워질 수 없습니다. 우리는 죄를 깨닫고 자백해야 할 옳은 대상을 찾아야 합니다. 그리고 그분의 용서를 받고 새롭게 변화된 인생을 시작해야 합니다. 죄 없는 분에게 죄를 고백해야 합니다. 죄 없는 분만이 죄를 용서하실 수 있습니다. 자기와 똑같은 죄인에게 자기 죄를 용서해 달라고 해서야 되겠습니까? 예수님은(안 믿는 사람에게는 비약인 것 같지만) 죄 없는 분으로 우리 죄를 용서하기 위해 자기 피를 흘려 제물로 바치고 십자가에 돌아가셔서 하나님을 배반한 인간과 하나님을 화해시키셨습니다. 죄는 예수님께 고백해야 합니다.

청문회는 결과적으로 낙마시키고 싶은 사람을 낙마시키고 나머지는 장관 임명동의안을 국회에서 통과시켜 장관이 되게 하는데 국민은 청문회에서 죄상을 드러내고 발가벗겨진 장관을 보는 것이 괴롭습니다. 묻고 답하는 대동소이한 사람들이 누구나 다 그만한 짓은 하는 것인데 이 선에서 덮고 마무리하자고 국민을 우롱하는 것 같아 분하기도 합니다.

장관 추천을 받기 전부터 누구나 주님 앞에 우리 죄를 자백하고 용서를 받아 모든 죄악에서 깨끗해진 우리 국민이 되어야 적어도 수십 년 후에는 이런 치욕스러운 일이 생기지 않으리라고 여겨집니다. (2010.09.13.)

21

원숭이도 우울하다

> 항상 기뻐하십시오.
>
> -살전 5:16-

바울은 우리를 향하신 하나님의 뜻이 항상 기뻐하며 사는 것임을 알고 우리에게 기뻐하라는 권면을 하였습니다. 하나님의 은혜 때문에 기뻐하지 않을 수 없습니다. 제 기쁨은 아무도 앗아갈 수 없습니다. 그러나 저는 순수하게 기뻐하는 성도를 기를 꺾고 우울하게 만드는 몇 가지 사례를 이곳에 들고 싶습니다. 이것은 결코 하나님의 뜻이 아닙니다.

첫째는 기도에 관한 것입니다. 한 자매가 대학 등록기를 앞두고 특별새벽 기도(특새)에 나왔습니다. 아르바이트해서 등록금을 모았지만 지난 학기 성적 평점이 장학금 수혜점수에 간발의 차로 못 미쳐 액수가 부족한 상태였습니다. 그런데 '특새' 기간이 끝나서 은행에 갔는데 웬일입니까? 등록금 고지서에 액수가 너무 적었습니다. 그녀는 '모범 장학생'이 된 것이었습니다. 얼마나 기뻤겠습니까? 그래서 '특새의 기적'이라고 자랑을 하였습니다. 그런데 어떤 친구가 합리적으로 설명될 수 있는 건 기적이 아니라고 말하며 그것은 기도 안 했어도 받을 혜택이라고 비꼬았습니다. 이것이 저를 우울하게 했습니다.

둘째는 설교에 관한 것입니다. 우리 교회 목사는 너무 설교를 잘하는데 가정에서는 부모를 잘 만나야 하고 교회에서는 목사를 잘 만나야 한다는 것을 실감한다고 어떤 교인이 기뻐서 침이 마르게 칭찬을 하였습니다. 그러자 옆에 있는 교인이 "하나님 말씀은 특별한 목사가 아니라 누가 선포해도 능력이 되는 거야. 목사가 자고, 먹고, 생각하는 게 그것뿐인데 그것도 못 하겠어?"라고 해서 기가 꺾이는 것을 보았습니다. 이것은 교인의 기쁨을 앗아간다고 생각하며 우울해졌습니다.

셋째는 성경공부에 관한 것입니다. 성경은 인봉된 하나님의 비밀 계획이 계시가 된 글이어서 성경공부를 할 때마다 하나님의 마음을 새롭게 읽는 것 같아 공부시간이 기다려진다고 한 학생이 말하자 한 분이 "공부해서 하나님의 마음을 안다고?"라고 말하며 먼저 성령 충만을 받고 믿음의 눈으로 성경을 볼 수 있는 단계가 되어야 하나님이 보인다고 꾸중하듯 말해서 말한 사람은 그 기쁨을 잃은 것 같았습니다.

원숭이도 이 나무 저 나무를 건너뛰고 과일을 까먹으며 기뻐하는데 누군가가 "멍청한 놈, 네 친구는 벌써 진화해서 사람이 된 놈도 있어. 무엇이 그렇게 기쁘냐?"라고 하면 우울해진답니다.

하나님께서 주신 현 상태에 항상 기뻐하고 살면 안 될까요? 이웃 사람의 말 때문에 내 기쁨을 망칠 필요는 없다고 생각합니다.
(2010.09.29.)

22

내 멍에를 메고 내게 배워라

> '수고하고 무거운 짐 진 사람들아, 다 나에게 오너라. 내가 너희를
> 쉬게 하겠다./나는 마음이 온유하고 겸손하다. 내 멍에를 메고 내게
> 배워라. 그러면 너희 영혼이 쉼을 얻을 것이다./내 멍에는 메기 쉽고
> 내 짐은 가볍다.'
>
> -마 11:28~30-

예수님께서는 "무거운 짐 진 사람들아 다 내게로 오너라"고 말씀하셨습니다. 그래서 걱정, 근심과 혼자서는 감당하기 어려운 무거운 짐을 새벽기도에 나가 하나님께 눈물로 호소하며 내려놓습니다. 울면서 하나님께 고통을 호소하고 나자 어느 정도 후련해졌습니다. 그런데 집에 돌아와서 깨달은 것은 그 문제가 하나도 안 풀리고 그냥 남아 있다는 것입니다. 하나님께 짐을 내려놓고 기도한 뒤에 그 짐을 도로 지고 온 느낌입니다. 왜 하나님께서는 "너희를 쉬게 하겠다"라는 약속을 안 지키시는 것일까요? 시어머니와의 관계를 회복하게 해 달라, 시댁과의 마찰이 사라지게 해 달라, 적어도 남편만이라도 내 편이 되어서 나를 이해하게 해 달라고 기도했는데 아무것도 해결이 되지 않은 것입니다. 기도를 잘못한 것입니

까? 아니 좀 더 기다려야 할까요? 하나님의 약속은 죄의 무거운 짐에서 벗어나게 해주겠다는 정신적인 해결이요 세상적이고 물질적인 문제를 해결해 주겠다는 그런 뜻이 아닌 걸까요? 부도가 나서 살길이 막막할 때, 아파트를 계약하고 치를 잔금이 없을 때, 갑자기 교통사고로 가장이 쓰러져 입원하고 있을 때, 딸이 우울증에 걸렸을 때…… 짓눌린 무거운 짐을 예수님께 가져가면 괴로운 저희를 쉬게 해 줄 수 있을 줄 알았는데 그것이 아닌 모양입니다. 아무리 생각해도 하나님께 너무 무리한 부탁을 했던 것 같은 느낌이 듭니다.

'무리하다'라는 말은 무슨 뜻입니까? 합리적으로, 자연적으로는 도저히 이해할 수 없는 것을 해결해 달라고 부탁했다는 뜻이 아닙니까? 우리가 이해할 수 있고 과학적으로 설명할 수 있는 자연현상만 자연의 이치대로 해결해 달라고 한다면 이것은 하나님 없이도 되는 일입니다. 그러나 하나님은 어떤 분입니까? 자연현상과 초자연 현상의 틈새에서 초자연적인 능력을 행하시는 분이 하나님이 아닙니까? 그렇다면 초자연적인 신에게는 우리는 무엇이든 구할 수 있고 그분은 우리가 진 어떤 무거운 짐도 받아주시고 쉬게 하실 수 있는 분입니다.

여기까지 생각이 미치자 저는 예수님은 무엇이나 원하는 것을 구하면 들어 주시고 우리를 쉬게 해주신다는 생각을 하게 되었습니다. 무응답의 해답은 29절에 있습니다. "내 멍에를 메고 내게 배워라"라는 것입니다. 나를 버리고 예수님이 메신 멍에를 메는 것입니다. 그분은 우리의 구원을 위해 자신을 버리고 피를 흘리기까지 순종하셨습니다. 나도 나를 비우고 시어머니를 위해 희생하고 내가 변화되는 것입니다. 부도가 났을 때 아직도 내게 남겨 둔 것을 생각하고 힘을 내어 고난을 통해 하나님을 만나는 것입니다. 우리를 위해 우리에게 주신 고난의 뜻을 찾는 것입니다. 멍에는 고통과 짐이 아니고 주의 멍에를 메고 배울 때 내가 쉼을 얻는 방편입니다. (2010.10.04.)

23

선생님께 드리는 글

> 나를 보내신 아버지께서 이끌어 주시지 않으면 아무도 나에게 올
> 수 없다. 그리고 오는 그 사람은 내가 마지막 날에 다시 살릴 것이다.
>
> -요 6:44-

선생님, 인생은 선택하며 사는 것이라고 하는데 제 평생에 가장 훌륭한 선택은 제가 예수를 믿기로 선택한 것으로 생각합니다. 선생님이 그렇게 간곡하게 권해도 예수를 영접하지 않았는데 제가 미국에 와서 교회의 부흥회에 참석했을 때(우연한 기회에) "예수를 믿고 구원을 얻겠다고 결심한 사람은 손을 드시오" 하는 강사의 말을 듣고 번쩍 손을 들었습니다. 그때부터 저는 기독교 신자가 된 것입니다. 과거의 나쁜 버릇을 청산해야겠다고 몇 번씩 다짐해도 버리지 못한 구습을 벗고 자유롭게 되니 얼마나 홀가분하고 기쁜지 알 수가 없었습니다. 저는 세례도 받았고 지금은 빠짐없이 성수주일 하려고 노력하고 있으며 십일조도 어김없이 드리려고 애쓰고 있습니다. 남편과 자녀의 장래를 위해 최근 몇 년간은 새벽기도도 나가고 있습니다. 그런데 얼마 전 선생님께서 주신 말씀이 마음에 걸립니다. 여러 격려의 말씀 뒤에 "네가 구원을 받은 것은 네가 예수를 믿기로 해서 구원받은 것이 아니며 구원은 하나님께서 값없이 주신 것이지 네가 노력한 대가가 아니다"라는 말씀입니다. 그러면서 선생님도 믿기 전에는 사르트르의 실존주의를 신봉하는 무신론자였다고 말했습니다. 사람은 하나님께서 목적이 있어 창조한 것이 아니며 아무 목적도 없이 이 세상에 던져진 존재여서 실존이 본질에 앞선 것을 부정할 수 없어 세상에 존재하는 것이기 때문에 그 실존이 어떤 의미인지 선택을 하며 찾아가야 한다고 생각했다고 말했습니다. 그런데 선생님은 자신의 필요 때문에 어쩔 수 없이 기독교 학교에 취직하게 되고 거기서 참 하나님을 만나게 되었는데 50년도 넘어 생각해 보니 그것은 선생님의 선택이 아니고 하나님께서 그렇게 예정하셨다는 것이었습니다(요 14:6).

선생님, 하나님께서 모든 것을 그렇게 예정하셨으면 저는 할 일이 아무것도 없습니까? 저를 어떤 곤경에 빠뜨려도 항상 기뻐하며, 주의 뜻을 찾아 쉬지 말고 기도하며, 범사에 감사만 하고 있으면 되는 것입니까? 제 친구를 구원하고 싶은데 하나님께서 그를 멸망하기로 예정하셨으면 아무리 수고해도 쓸데없는 일이 아닐까요? 무병장수하게 해 달라고 기도하고 애들에게 물질적 축복을 주시도록 기도하려면 제 편에서 하나님께 무엇인가 드리는 것이 있어야 하지 않을까요? 그러다가 어느 날 밤 평소에 듣지 못한 음성을 들었습니다. "나는 아무도 멸망하도록 예정한 일이 없다. 원래 그는 죄로 멸망할 수밖에 없었다. 그래서 그가 내게 돌아오기를 오래 참고 기다리고 있다. 또한, 나는 네가 기도할 필요가 없다고 말한 적이 없다. 너는 무엇이나 구할 수 있다. 그러나 나는 네가 아까워하는 물질이나 시간이나 정성을 바치는 것에 열중하지 말고 너를 향한 내 마음을 네가 알기를 원한다"

그래서 지금은 하나님의 마음을 어떻게 알 것인지 그 방법을 묵상 중입니다. 저도 성숙하면 선생님처럼 하나님의 예정을 믿게 되겠지요? (2010.10.11.)

24

공평하신 하나님

> 그러나 너희는 내가 행하는 일이 옳지 못하다고 말하고 있다. 이스라엘 백성아, 들어라. 내가 하는 일이 옳지 못하냐? 오히려 너희가 하는 일이 옳지 못한 것이 아니냐?
>
> -겔 18:25-

하나님은 공평하시고 공의로우십니다. 기독교인들은 다 그렇게 믿고 살고 있습니다. 그러나 우리가 사는 세상에서는 너무 불공평한 일들이 많습니다. 악인들이 고난도 없고 재난도 없고 형통합니다. 그들은 죽을 때도 고통이 없으며 병도 들지 않고 편히 죽습니다. 100명 중 10명이 우리 국토의 부동산 90%를 차지하고 교만합니다. 재물은 더욱 불어나서 100명 중 5명이 국민 전 재산의 40%를 차지하고 사치합니다. 억울한 일을 당한 사람은 하나님께 신원을 바라고 원했지만, 응답을 받지 못하고 죽습니다. 정말 하나님은 공평하신 것일까요? 욥도 어이없는 재난을 당하고 하나님께서 자기를 공평한 저울로 달아보시고 그분이 자기의 온전하심을 아시기 바란다고 말했습니다(욥 31:6). 결국, 욥은 하나님은 그 순간 공평하지 않다고 생각한 것입니다.

하나님께서는 하나님을 공평하다고 믿는 사람에게만 공평하십니다. 하나님의 공평을 믿지 않으면 이 세상의 모든 부조리한 것을 바라볼 때 그분은 공평하지 않으십니다. 악한 자의 형통함을 보고 "재판을 받을 때 유죄 판결을 받게 하십시오. 그가 하는 기도는 죄가 되게 하십시오. 그가 살날을 짧게 하시고 그가 하던 일도 다른 사람이 하게 하십시오. 그 자식들은 아버지 없는 자식이 되게 하고, 그 아내는 과부가 되게 하십시오. 그 자식들은 떠돌아다니면서 구걸하는 신세가 되고, 폐허가 된 집에서마저 쫓겨나서 밥을 빌어먹게 하십시오(시 109:7~10)"라고 기도하면 들어주셔야 공평하실 것 같은데 기도에 응답하지 않으십니다. 우리는 하나님이 공평하시다고 믿어야 합니다. 우리 영의 눈이 열리고 귀가 솔깃해져서 하나님의 길을 보고 하나님과 그 길을 동행하지 않으면 그리고 하나님이 구원하신 기쁨을 맛보는 영성이 우리 안에 개발되지 않으면 공평하신 하나님을 만날 수 없다고 생각합니다.

1969년 뇌성마비 장애인으로 태어난 송명희 시인은 자기를 그렇게 태어나게 한 하나님의 불공평을 저주해도 공감할 사람이 많을 텐데 하나님은 공평하다고 스스로 고백합니다. 그의 시는 다음과 같습니다.

……나 남이 받지 못한 사랑 받았고/ 나 남이 모르는 것 깨달았네./ 공평하신 하나님이 나 남이 가진 것 없지만/ 공평하신 하나님

이 나 남이 없는 것 같게 하셨네.

우리는 그녀 안에 있는 영성을 봅니다. 하나님께서 일하시는 방법에 도통한 것을 봅니다. 진정 하나님은 그녀처럼 살 때 공평하십니다. (2010.10.13.)

25

승리하는 삶

> 하나님의 자녀들은 누구나 세상을 이길 수 있기 때문입니다. 세상
> 을 이긴 것은 바로 우리의 믿음입니다.
>
> -요일 5:4-

　요즘 교회에서 "승리하는 삶을 삽시다"라는 말을 많이 듣습니다. 말씀으로 승리, 교육으로 승리, 예배로 승리, 기도로 승리하는 삶을 살자고 합니다. 그런데 잘 생각해 보면 그것이 무엇을 뜻하는지 분명하지 않습니다. 승리란 경쟁 상대가 있어서 이긴다는 뜻인데 어떤 상대를 이긴다는 뜻입니까? 지금은 수능시험 기간이 다가와서 '수험생을 위한 특별새벽기도회', '수험생 축복 안수 기도회' 등 교회마다 기도회가 대성황입니다. 이것도 수능에서 우리 자녀가 하나님의 배경, 권력으로 다른 학생을 뛰어넘어 승리하는 삶을 살자고 하는 것 같습니다. 이런 세상의 대세를 역행하면 교회는 살아남지 못합니다. 교회마다 경쟁적으로 더 차별화된 기도회를 계획해야 합니다. 문제는 '축복 안수 기도회'를 열어서 바쁜 수험생을 데려다 안수했는데 어느 교회 교인은 시험을 잘 봤는데 자기 교회는 그런 효험을 보지 못하면 교인이 슬슬 빠져나가기 시작합니다. 마치 족집게 무당 찾아다니듯 좋은 입소문, 나쁜 입소문을 내며 떠돌이 교인이 생기는 것입니다. 결국, 승리한다는 게 권력을 잡고, 명예를 회복하고, 자기 자신과 가족의 유익만을 취하자는 것인데 그렇다면 그것은 세상의 왕인 마귀가 '믿는 자'들을 유혹하는 올가미에 걸려들고 있는 것입니다.

요한일서는 하나님에게서 태어난 사람은 한때 죄를 지어도 계속 짓지 않는다고 말하고 있습니다. '요일 3:9'는 다음과 같이 말합니다. "하나님의 자녀들은 계속해서 죄를 짓지 않습니다. 이것은 하나님의 씨가 그 사람 속에 있기 때문입니다. 그는 하나님에게서 태어났으므로 계속 죄를 지을 수가 없는 것입니다" 그러나 '요일 5:19'는 또 "온 세상은 마귀의 지배 아래 있습니다"라고 말합니다. 따라서 우리가 하나님의 자녀인가, 세상을 따라 마귀의 자녀인가를 판단하는 것이 중요하다고 생각합니다. 입술로는 하나님의 말씀을 따른다고 하면서 하나님과 멀어지고 세상으로 뛰어들어 멸망의 전쟁을 하지 않은지 돌아보아야 합니다. 우리가 승리하고자 하는 전쟁터는 육적인 것이 아니라 영적인 것입니다. "우리는 사람을 대항하여 싸우는 것이 아니라 하늘과 이 어두운 세상을 지배하고 있는 악한 영들인 마귀들을 대항하여 싸우고 있습니다(엡 6:12)"라고 성경을 말하고 있습니다.

또 '요일 5:5'은 "예수님이 하나님의 아들이심을 믿는 사람이 아니면 누가 세상을 이기겠습니까?"라고 말합니다. 주를 믿으면 능력

주시는 자 안에서 우리가 기도할 때, 좋은 대학에 들어가며, 좋은 배필을 만나며, 좋은 직장을 갖게 되며 사업에 성공하여 승리자가 된다는 뜻이 아니고, 주께서 육신을 입고 땅에 오셔서 우리 죄를 대속하여 구원하시고 십자가에 돌아가셨으나 죽음을 이기시고 부활하셨음으로 이 땅에 남겨진 우리가 그를 믿으면 세상을 이기고 천국을 확장하는 주의 일꾼이 된다는 뜻이 아니겠습니까? 승리하는 삶은 이 지상에서 천국을 선포하는 나팔을 부는 일입니다. (2010.11.08.)

26

기도할 줄 모릅니다

> 성령님도 우리의 연약함을 도와주십니다. 우리가 어떻게 기도해야
> 될지 모를 때 성령님이 말할 수 없는 탄식으로 우리를 위해 기도해
> 주십니다.
>
> -롬 8:26-

성경공부를 시작하기 전에 한 집사가 다음과 같이 기도했습니다.
"하나님 아버지, 저는 기도할 줄을 모릅니다. 그러나 인도자가
부탁해서 순종하는 마음으로 기도합니다. 예수님, 저를 불쌍히 여
겨 주십시오. 성경 말씀을 나눌 때 조금이라도 하나님의 마음을
알게 해 주십시오"

이 기도에 모두 감동하였습니다. 이분이 유창하게 더 많은 내용
을 첨가했다면 그만큼 감동하지 못했을 것입니다. 예를 들어 그분
이 "주는 길이요 진리요 생명이십니다. 공부할 때 오셔서 우리 눈
을 밝히시고 직접 말씀하소서"라고 했다면 매우 그럴듯한데 "주는
길이요 진리요 생명"이라는 말이 우리를 압도하고(다른 모습의 주를
생각할 수 없게 함), "직접 말씀하소서"라는 말 때문에 직접 하시는

말씀을 못 들으면 어쩔지 걱정이 앞서 아무 조건 없이 하나님을 만나는 평안함을 못 느끼게 되었을 것이기 때문입니다.

이분이 준 또 하나의 유익은 소리 내어 기도 못 하는 것이 부끄러운 일이라는 강박감에서 벗어나게 되었다는 것입니다. 기도 모임이나 성경공부 모임에 갔을 때 기도시킬까 봐 못 간다고 하는 사람이 많은데 유창한 기도만이 기도가 아니며 어쩌면 말없이 신음만 하고 있어도 기도가 되며 성령께서 친히 우리를 대신하여 기도해준다는 확신입니다.

평생 교회를 다니면서도 남 앞에서 소리 내어 기도해본 적이 없는 노인이 중병이 걸려 병원에 입원했다고 합니다. 병시중하는 손녀가 할아버지의 병세가 수상함을 알고 목사님에게 심방을 요청하였습니다. 심방을 끝낸 목사가 떠나면서 남은 생은 하나님께 맡기고 평안한 마음으로 기도하며 지내라고 당부하였습니다. 목사가 병실을 떠나기 전 할아버지는 손녀를 내보내고 조용히 목사를 불러서 말했습니다.

"내가 이 나이까지 기도할 줄을 모른답니다"

"기도는 하나님과의 대화입니다. 유창한 기도를 하려고 하지 말고 아버지와 만났다는 생각으로 편하게 하고 싶은 이야기를 다 해보십시오"

"글쎄. 그것이 안 됩니다"

목사는 떠나기 전에 빈 의자를 하나 가져다가 침대 옆에 놓고 이곳에 하나님 아버지가 앉아 계신다고 생각하고 하고 싶은 말 다

하라고 말하며 떠났습니다. 그분이 임종했을 때 기이한 현상은 의자에 목을 기대고 임종했다는 것입니다. 임종하기 전 드디어 기도의 문이 열렸었다는 우화입니다. (210.11.15.)

27

상을 받는 사람은 하나뿐

> 경기장에서 여러 선수들이 다 함께 달리지만 우승자는 하나뿐이라는 것을 모르십니까? 이와 같이 여러분도 우승자가 되도록 힘껏 달리십시오.
>
> -고전 9:24-

광저우 아시안 게임 때문에 금메달 이야기가 많이 나올 때입니다. 한국 선수들이 메달을 딸 때마다 자랑스럽습니다. 특히 미국 클리블랜드 메이저 리그에 속했던 추신수(28세) 선수는 한국 야구팀에 우승을 안겨 준 일등공신이었습니다. 이 금메달로 그는 병역 면제의 특혜를 받았고 다른 팀원들에게도 그런 혜택을 주게 되어 '병역 브로커'라는 별명까지 받게 되었다고 합니다. 입영 때문에 야구팀과의 장기 계약이 어려웠었는데 그는 이제 3년 계약도 가능해졌으며 그는 연봉 600만 달러(70억 원)를 받을 가능성이 커졌다는 것입니다. 금메달을 따게 되면 이런 부와 명예가 따르게 되어 모든 국민이 금메달리스트들을 선망의 눈으로 보게 되었습니다.

바울은 고린도 교인들을 향하여 "여러분도 우승자가 되도록 힘껏 달리십시오"라고 권했습니다. 고린도 교인들 모두는 경기자는 아니지만, 천국을 향해 달리는 선수와 같기 때문입니다. "경기장에서 여러 선수들이 다 함께 달리지만 우승자는 하나뿐"이라고 했는데 이것은 고린도 교인들을 실망하게 하는 말입니다. 천국을 향해 달리는 사람이 상을 한 사람밖에 받을 수 없다면 나머지 사람은 어떻게 되는 것입니까? 그러나 사실은 지상에서 개척교회 많이 짓고, 세계 제일가는 교회를 만들고, 헌금 많이 하고 새벽기도 잘한 사람들도 자기의 할 일을 한 것뿐이므로 천국에서 상을 요구할 권한이 없습니다(눅 17:10). 다 천국에서는 무익한 종이라고 고백할 수밖에 없으므로 천국을 향한 경기는 자기보다도 남을 승리하게 해주는 것이 마땅합니다. 그런데 바울은 우승자들이 자기의 하고 싶어 하는 것을 어떻게 인내하고 절제하는 생활을 했는지 그것을 배우라고 하는 것 같습니다.

세상 사람들은 승리의 불확실성 때문에 두려움으로 훈련하고 달리지만 믿는 자들은 확실한 목적지에서 우리를 받아주시는 주님을 향해 확실성의 경주를 하는 것입니다. 누구에게나 주께서 예비하시고 주는 면류관은 '착한 종'이라는 하나님의 칭찬입니다. 주께서 주신 상을 돈으로 생각하는 착각을 버려야 합니다. 지상의 금은 천국의 아스팔트라고 합니다. 천국은 금으로 길을 포장했기 때문입니다(계 21:27). 바울은 왜 '우승자가 되도록' 달리라고 합니까? 바울 자신이 그렇게 달렸기 때문입니다. 그는 목표가 분명하지 않은 달음질을 하지 않았고 허공을 치지 않았습니다 (26절). 그는 분명한 푯대를 향해 달렸으며 율법 아래 있는 자나 율법 없는 자들을 얻고자 많은 인내와 절제를 하였습니다. 그러나 그들을 얻은 후에 도리어 버림을 받을까 하는 거룩한 두려움을 언제나 안고 있었습니다. 그래서 끊임없이 우승자가 되는 자세로 달리는 준비를 하는 고린도 교인 되라고 권한 것이 아닐까요? (2010.11.21.)

28

크리스마스 인사

> 네 영혼아, 여호와를 찬양하며 그의 모든 은혜를 잊지 말아라.
>
> -시 103:2-

어떤 수련회에서 강사가 고린도전서 13장 4~8절(개역개정)을 통성으로 읽자고 제안했습니다. 다 읽고 난 후 거기에 나오는 '사랑' 대신 '예수님은'이라는 말을 넣어서 다시 읽자고 했습니다. "예수님은 오래 참고 예수님은 온유하며 시기하지 아니하며 예수님은 자랑하지 아니하며 교만하지 아니하며 무례히 행하지 아니하며 자기의 이익을 구하지 아니하며 성내지 아니하며 악한 것을 생각지 아니하며⋯⋯"

이렇게 통성으로 읽으면서 그 내용이 너무 자연스럽다고 느꼈습니다. 예수님은 자신이 바로 사랑이셨기 때문이었습니다. 다음은 '사랑' 대신 각자 자기 이름을 넣어서 읽어보자고 제안했습니다.

"오승재는 오래 참고 오승재는 온유하며 시기하지 아니하며 오승재는 자랑하지 아니하며 교만하지 아니하며 무례히 행하지 아니하며 자기의 이익을 구하지 아니하며 성내지 아니하며 악한 것을 생각지 아니하며……"

이렇게 읽자 이건 걸맞지 않고 너무 엉뚱하다는 생각이 들었습니다.

이번 크리스마스에 저는 과거 일 년을 돌아보며 주님께서 제게 베푼 은혜가 너무 크다는 것을 새삼 느끼며 주님을 찬양하는 목소리가 나왔습니다. 우리 주변에서 갑자기 쓰러져 몸을 못 쓰고 말을 못 하게 된 분, 당뇨가 심해져 투석을 하며 출입을 못 하게 된 이웃들이 있는데 우리 부부를 건강하게 지켜 주신 것, 자녀들이 국내외에서 건전하게 주를 섬기고 활동하며 행복하게 지내는 것을 보는 것,…… 이 모든 것이 제가 한 것이 아니고 주님께서 우리의 지경을 울타리로 두르신 것임을 느낄 때 주를 찬양하며 친구들에게 '이 세상과 이 세상에 있는 것들'을 이기고 사는 모습을 알려 주고 싶어졌습니다. 그래서 Power Point를 이용해서 일 년 동안에 있었던 기록을 사진으로 편집해서 크리스마스 인사 겸 전자편지로 보냈습니다. 그런데 답장이 왔습니다.

'너무 아름답고 부러운 자녀들의 사진이었습니다. 우리의 활동은 거기에는 걸맞지 않겠지만 알려 드립니다. 우리 부부는 팔레스타인에 가서 그곳 기독교인과 지도자들을 만났으며 그들이 쓰라린 현실 속에서 어떻게 희망을 품고 인내하며 살고 있는지를 보고 왔습니다. …… 남편은 장로 4년째인데 교회 재산관리 위원장직을 맡았으며 저는 노숙자를 돌보는 조직에 간여하고 있습니다'

또 한 분은 자기도 이제는 성가대를 은퇴해야 하는데(82세) 밤

운전을 할 수 없게 되면 바로 은퇴하겠다고 소식을 전해 왔습니다. 저는 그들의 소식이야말로 하나님 찬양에 걸맞은 자연스러운 내용이며 제 인사는 자기 자랑 같다는 생각을 하였습니다. 비록 사글셋방에서 신혼 생활을 시작했던 우리가 어떻게 하나님의 은혜를 받아 이렇게 되었는지를 세상에 알리고 싶다는 생각을 가졌을지라도 말입니다. (2010.12.13.)

29

무엇이 진정한 예배인가

> 예수께서 말씀하셨다. 여자여, 나의 말을 믿어라. 너희가 이 산 위
> 에서도 아니고 예루살렘에서도 아닌 데서 너희가 아버지께 예배를
> 드릴 때가 올 것이다.
>
> -요 4:21-

어떤 여 집사가 구역장인 권사님이 아파서 부득이 구역예배를 맡게 되었습니다. 구역예배 공과가 있어서 순서는 써진 대로 진행하면 되는데 헌금 기도는 왕 초짜가 되어서 어떻게 해야 할지 몰랐습니다. 인터넷에 되도록 길게 기도문 하나를 올려달라고 요청해서 겨우 문제 해결을 했습니다. 그리고 나니 여러 가지 의심이 생겼습니다. 그렇게 남이 써준 기도를 해도 하나님께서 들어주시는가? 도대체 이런 형식적인 구역예배는 왜 드리는가?라는 생각이 들었습니다. 그리고 보니 주일 예배 말고도 너무 많은 예배가 있었습니다. 구역예배, 첫돌 감사예배, 칠순감사예배, 개업 감사예배, 입주예배, 고위직 취임감사예배, 박사학위 취득 감사예배, 총회장 당선 감사예배, 국회의원 당선 감사예배, 기공예배, 완공예배, 헌당에

배, 입관예배, 발인예배, ……

그래서 나이 든 목사님께 물어봤습니다. "예배가 수없이 많은데 적당히 이름을 붙여 드리면 예배가 되는 거예요?" "그럼, 우리의 삶 자체가 예배니까 아무리 많이 드려도 많다고 할 수 없지" 그래도 미심쩍어서 젊은 목사님께 물었습니다.

"목사님, 대형교회 예배당에서 드리는 예배가 예배입니까, 아니면 시골교회에서 전도사가 드리는 예배가 참 예배입니까?" 그 목사님은 예수님을 만난 수가성의 여인이 똑같은 질문을 했는데 이에 대해 예수님은 "이 산 위에서도 아니고 예루살렘에서도 아닌 데서 아버지께 예배드릴 때가 올 것이다"라고 대답했다고 말했습니다.

"그런 때는 언제 오는데요?"

"벌써 왔지요. 예수님께서 십자가에 돌아가신 뒤로 성전도 제사장도 없어졌습니다. 그분이 우리에게 성령을 주어 자녀 삼으시고 그의 소유된 백성으로 삼으신 뒤에는 장소가 문제가 아니고 영과 진리로 드리는 예배가 참 예배입니다"

"그럼 xx 예배당이라는 곳에서 꼭 예배를 드릴 필요도 없겠네요?"

"하나님께서는 종교 의식적인 예배를 받기를 원하지 않고 우리의 몸을 드리는 산 제사를 받으시기를 원합니다"

"산 제사가 뭔데요?"

"우리가 그의 소유된 백성으로 이 세상에서 존재하며 사는 것이지요"

그 여 집사는 자기 나름대로 정리를 해서 나이 든 목사에게 또 말했습니다.

"목사님, 축하 행사와 같은 예배는 안 드리는 것이 낫지 않을까요? 그 속에서 하나님도 못 찾겠고, 또 목사님도 집례하시려면 피곤하시고"

"무슨 소리야. 맨 먼저 예배부터 드리고 복 받고 일을 시작하려는 당사자들을 생각해야지. 예배를 무시하면 화를 부르게 돼"

왕 초짜 집사는 다시 예배가 무엇인지 더 알아보는 중이라고 합니다. (2010.12.30.)

30

주는 나의 목자

> 바다가 잔잔하므로 그들이 기뻐하였으니 여호와께서 그들을 고대
> 하던 항구로 안전하게 인도하셨다.
>
> -시 107:30-

노부부가 되어 둘이 살면서 점차 싫어지는 것이 생겼는데 아내
는 밥하기가 싫어진 모양입니다. 끼니때는 왜 그렇게 자주 닥치는
지 혼자 있으면 굶고 싶은데 남편이 은퇴하여 어디 나가지도 않고
옆에 있으면 어쩔 수 없이 따뜻한 밥을 해야 하는데 그것이 하기
싫은 모양입니다. 자주 양로원에 가고 싶다고 말합니다. 한편 남편
된 나도 하기 싫은 일이 있습니다. 무거운 진공청소기를 끌어내어
청소하는 일인데 앉으면 일어나기 힘들고 서 있으면 앉기 힘 드는
데 시도 때도 없이 구석구석 먼지를 제거하라고 아내가 성화면 정
말 힘듭니다. 가만히 앉아 있으면 먼지만 보이는 모양입니다. 그런
데 그런 일로 벌써 양로원에 간다는 것은 고려해 볼 문제입니다.

나는 이번에 '룸바'라는 로봇 청소기를 샀습니다. 이놈이 의자
밑, 책상 밑 할 것 없이 구석구석 다니며 미세 먼지를 빨아내는데

여간 신기한 게 아닙니다. 높이가 5cm 이상 턱지면 밑으로 떨어지지도 않고 돌아섭니다. 또 '라이트하우스'라는 다른 장치가 있어서 건전지를 넣고 맞은편 벽을 향해 빛을 쏘면 가상 벽이 생겨 이놈이 그곳을 넘지 못합니다. 또 청소가 끝나면 '홈베이스'의 스위치를 켜 놓았으면 그곳으로 들어가 자동으로 충전하며 쉽니다.

저는 로봇 청소기가 청소를 마치고 홈베이스에 가서 쉬는 것을 보면서 시편 107편을 생각했습니다. 이 시는 광야 사막에서 길을 잃고 배고프고 목이 멀라 기력이 다 빠질 때도 주께 부르짖으면 그때 그들을 고통에서 건지시고 (4~6절) 사람이 어둡고 캄캄한 곳에서 살며, 고통과 쇠사슬에 묶이는 것은 그들이 하나님의 말씀을 거역했기 때문인데 그들이 고난 가운데서 부르짖으면 또 그들을 곤경 중에서 구원해 주십니다(10~13절). 어리석은 자들은 죄악을 저지르고 고난을 받아 이미 죽음의 문턱에 이르렀어도 주께 부르짖을 때는 그들을 곤경에서 구해주십니다(17~19절). 배들이 하늘 높이 떠올랐다가 깊은 바다로 떨어지면 그들은 얼이 빠지고 간담이 녹으며 모두 술 취한 사람처럼 비틀거리며 흔들리는데 그때도 그들이 고난 가운데서 주님께 부르짖으면 그들을 곤경에서 벗어나게 해주신다(26~28절)라고 시편 107편은 노래합니다.

저희는 그렇게 부르짖지도 않았는데 로봇 청소기처럼 주께서는 평온함과 기쁨 중에 저희를 평온한 항구로 인도하셨습니다. 중1, 2, 3학년의 어린애들을 한국에 두고 유학을 떠난 일, 아버님이 돌아가셨는데도 공부에 방해가 될까 봐 연락하지 않아 모르고 있었던 아픈 기억. 매 주일 아내가 받아온 주급으로 만나를 먹듯 연명하던 유학생 시절 ……. 이 모든 것은 광풍이었습니다. 그러나 우리는 지금 로봇이 홈베이스에 가서 쉬고 있는 것처럼 쉬고 있습니다. 늙었다고 푸념하지만, 주께서는 우리를 항구로 인도하십니다. 로봇이 다음 작업을 위해 재충전하고 있는 것처럼 우리도 스태미나를 재충전하고 하나님께 감사하며 하나님의 청지기가 되어 일하는 기쁨을 되찾게 되길 빕니다. (2011.01.05.)

31

기도 부탁 1

> 그들이 바빌론에 있는 다른 박사들과 함께 죽임을 당하지 않도록
> 하늘의 하나님께 자비를 구하고 이 비밀을 알게 해 달라고 기도하자
> 고 하였다.
>
> -단 2:18-

바벨론의 느부갓네살은 유다를 정복하여 유다 성전의 그릇 얼마
를 가져다가 자기네 신전의 보물 창고에 두었을 뿐 아니라 흠 없고
용모가 아름다운 소년들을 그들의 왕궁에서 부리려고 납치해 갔
습니다. 그들 중 다니엘, 하나냐, 미사엘, 아사랴가 있었는데 그들
은 바벨론에 가서도 이스라엘의 하나님만 섬기는 충성스러운 청년
들이었습니다. 이때 느부갓네살 왕은 꿈을 꾸고 자기가 꾼 꿈을 말
하고 그 꿈을 해석하라는 명을 전국에 내렸는데 꿈을 듣고 해석한
일은 있어도 왕이 꾼 꿈까지 말하고 해석할 수 있는 박수(점쟁이 혹
은 무당)나 술객은 바벨론에 없었습니다. 그러나 왕은 자기의 명을
어기는 국내에 있는 모든 지혜자를 잡아 죽이라는 엄명을 내렸습
니다. 자칫하면 다니엘과 그의 친구들도 죽임을 당할 처지가 되었
습니다. 그래서 다니엘은 자기의 세 친구에게 하나님께 기도해달라
고 부탁했습니다. 자기의 기도 능력이 부족해서 부탁한 것일까요?

저도 한 여 집사로부터 기도 부탁을 받은 일이 있습니다. 예원학교에 보내려고 초등학교에 다니는 어린 딸을 열심히 서울까지 과외를 보내고 있는 분이었습니다. 꼭 좀 기도를 해 달라는 간청이었는데 그저 지나는 말로 해본 부탁이 아닌 것은 저를 집에까지 불러 앉히고 그 집사는 제 앞에 무릎을 꿇고 기도 부탁을 하는 것이었습니다. 저는 놀래서 그때 어떤 기도를 했는지 기억이 나지 않습니다. 그러나 그 집사의 간절한 기도 부탁 때문에 저는 집에서도 매일 기도할 때마다 그 딸을 위해서 기도하지 않으면 마음이 답답하고 시원하지 않았습니다. 이렇게 매일 기도해서 90일이나 100일쯤 되었을 때 그녀의 딸이 합격했다는 소식을 들었습니다. 그때 그녀는 제 기도 때문에 합격했다고 고마워하는 것이었습니다.

다니엘의 세 친구는 기도 부탁을 받고 어떻게 했을까를 생각하였습니다. 다니엘이 부탁한 대로 "지혜자들과 함께 죽임을 당하지 않게 하옵소서"라고 기도했을 것 같습니다. 가장 간절한 사람은 다니엘인데 그가 하나님께 구한 것을 반복해서 구했으리라는 생각입니다. 기도 부탁을 받은 그들이 하나님을 움직여서 무슨 기적을 일으킨 것이 아닙니다. 무당이 신을 불러 기적을 일으키는 그런 짓 같은 것은 하지 않았을 것입니다. 그러나 다니엘에의 기도에 힘을 합해준 것만은 분명합니다. 기도 부탁을 받은 사람은 부탁한 사람의 심정을 살피고 그분에게 지혜를 주시며 낙심하지 않도록 힘을 더해 주는 기도를 해야 한다고 생각합니다. 왜 기도 부탁을 난발하는가? 그들이 내게 무슨 도움이 되겠는가 하고 부정적인 생각을 하는 것은 금물이라고 생각합니다. (2011.01.12.)

32

컴퓨터 죽이기

> 그때 사울이 그의 신하들에게 '영매(신접한 여인)를 찾아라. 내가 직
> 접 가서 물어 보겠다.' 하자 그들은 '엔돌에 영매 한 사람이 있습니다.'
> 하고 대답하였다.
>
> -삼상 28:7-

　진정으로 하나님을 알아가는 데 가장 방해되는 것 중의 하나는
TV도 있지만, 컴퓨터라고 생각합니다. 이것이 성경을 읽고 묵상하
는 시간을 다 앗아가고 말씀을 실천하는데 큰 방해물이 되기 때문
입니다. 아내는 제가 서재에 들어가면 나올 줄을 모르는데 그것은
제가 거기서 인터넷 검색을 하고 있기 때문이라고 합니다. 골방에
처박혀 있을 만큼 매력적인 것이 그것 말고 무엇이 있겠느냐는 것
입니다.

　사실입니다. 그러나 저는 핑계를 댑니다. "지금은 어느 때입니까?
인터넷으로 정보를 공유하는 시대가 아닙니까? 성경주석, 유명한
설교, 성서 학당 등을 인터넷에서 만날 수 있습니다. 친구들에게
안부와 위로를 이메일로 해야지요. '생명의 삶', '넷 향기', 'Our

Daily Bread', 'QT(Quiet Time)' 등으로 성경 묵상을 할 수도 있습니다. 매주 짧은 말씀 묵상을 정리해 저장해 놓으면 영적 성장에 도움이 됩니다" 이런 핑계를 대며 컴퓨터를 버리지 못합니다. 그러나 신경질이 나는 경우도 많습니다. 가끔 컴퓨터가 말썽을 부리는 것입니다. 속도가 느려지고 거의 멈추어 서면 윈도를 새로 깔아야 합니다. 그럴 때마다 많은 자료가 손상되고 또 그때까지 깔았던 프로그램을 다시 찾아 깔며 손상된 자료를 복구하는 데 많은 시간을 허비합니다. 기도보다 컴퓨터가 우선일 때가 많다는 것을 인정합니다.

얼마 전 제 미국 선교사, 수학 교수가 컴퓨터를 켰더니 반 인치나 되는 크기로 붉은 경고문이 떴는데 안티바이러스 시스템이 죽어서 더는 컴퓨터를 보호할 수 없다고 했다는 것입니다. 자기는 어베스트(AVAST)라는 바이러스 방지 프로그램으로 별문제 없었는데 어느 곳을 눌러도 응답이 없고 'SYSTEM TOOL'이라는 것을 사면, 이 바이러스 문제를 해결할 수 있다는 창이 떴다는 것입니다. 자료를 다 잃을까 봐 놀라서 지시에 따라 $60을 지급했더니 해결되었다는 것입니다. 그래서 AVAST로 바이러스 검사를 다시 했더니 SYSTEM TOOL이 바로 바이러스였다는 것입니다.

며칠 뒤 또 연락이 왔는데 자기는 이런 유의 문제에 최종 해결책을 발견했는데 아예 컴퓨터를 쏘아 죽여 버리는 것이라며 권총을 들고 컴퓨터를 쏘는 사진을 보내왔습니다. 얼마나 화가 나서 그랬겠습니까? 제가 참으라고 응답했더니 또 연락이 왔습니다. 농담이

지 어떻게 컴퓨터 없이 살겠느냐는 것이었습니다.

사울은 사무엘이 죽자 나라 안의 무당과 박수를 모조리 쫓아냈습니다(삼상 28:3). 자기가 무당을 싫어한다는 것을 사무엘(어쩌면 하나님)께 알리기 위해서였겠지요. 그러나 블레셋과 싸움이 터져도 아무 계시가 없자 "망령을 불러올리는 무당"을 다시 찾았습니다. 하나님께서 자기를 버린 것은 모르고 사무엘을 불러올리면 싸움에 이길 줄 알았던 것입니다. 하나님은 자기의 이용 도구가 아닙니다.

컴퓨터에서 하나님의 지식을 얻는다고 의지하면 하나님이 저를 사랑하실까요? (2011.01.19.)

33

양처럼 살기

> 그러나 나는 너희에게 말한다. 악한 사람에게 맞서지 말아라. 누가
> 네 오른쪽 뺨을 치거든, 왼쪽 뺨마저 돌려 대어라.
>
> -마 5:39-

이것은 예수님의 산상수훈(山上垂訓)에 나오는 말입니다. 예수님
께서 무리를 보시고 산에 오르셨을 때 제자들이 나아오니 그들을
보고, 하신 말씀입니다. '오른뺨을 치거든 왼뺨마저 돌려대라'라는
이야기입니다. 이렇게 악한 사람에게 맞고 살 수 있을까요? 또 '속
옷을 가지고자 하면 겉옷까지도 주라'고 했는데 이렇게 다 주고 살
수가 있을까요? 이것은 천국에서나 있을 수 있는 일이요 예수님은
몰라도 우리는 할 수 없는 일입니다. 그래서 이 구절은 그냥 넘어
갑니다. 이렇게 성경을 우리 취향에 따라 재단해가며 읽고 성경이
스스로 우리에게 말하도록 놔두지 않는다면 이것은 하나님의 말
씀을 인정하지 않으며 자기 위주로 성경을 왜곡하는 일이 됩니다.
그럼 이런 말을 대하면, 어떻게 해야 합니까? 교회 안에서는 "예"
하고 양처럼 받아들이고 사회에 나가면 피비린내 나는 전쟁터기
때문에 무시하고 이리처럼 살아야 합니까? 말씀을 전해야 할 세상

사람들 앞에서 이렇게 이중적인 모습을 보여도 되는 것일까요?

구약시대에도 유대인들은 채권자들이 속옷(겉옷은 생계를 위협하는 재산임)을 가져가겠다고 고발하면 주어야 했습니다. 정복당한 국가에서 억지로 오리를 가라고 노역을 시키면 순종했다고 합니다. 그런데 예수님은 자기의 제자면 율법을 지켜서 의무적으로 하는 한계를 사랑으로 넘어서라고 말하는 것입니다. 이것은 은혜로 구원받은 우리에게도 해당하는 말씀입니다.

저는 말씀 그대로 실천할 수 있는 분을 압니다. 그분은 신학교를 은퇴하고 몽골에 선교사로 가 있는 처녀 목사인데 몸이 약해서 마흔 살밖에는 살 수 없다고 자신도 알고 남에게도 말해 왔던 분인데 65세가 넘게 사셨습니다. 나머지는 하나님께서 덤으로 주신 생명이라고 생각하고 주께 헌신하고 사는 분입니다. 평생 동반자가 없었기 때문에 하나님을 아버지라고 의지하며 대화하고 사신 분입니다. 감기가 들어 콧물이 줄줄 나와서 화장지 한 통을 다 써도 대화할 사람은 하나님뿐이어서 "아버지, 이 코가 다 어디서 나온데요?"라고 원망도 하지 않는 분입니다. 그분이라면 사적인 감정으로 억울하게 뺨을 맞아도 더 맞아줄 수 있는 분이라고 생각합니다. 그럴 리도 없지만, 속옷을 달라고 누가 고발하면 자기의 생활은 걱정도 않고 옷 다 찾아서 입혀 줄 사람입니다. 의무적으로 길을 걷게 해도 오히려 불쌍하게 생각하고 더 걸어줄 분입니다.

예수님께서는 산상수훈을 지켜서 하늘나라에 가는 방법을 가르쳐 주신 것이 아니라 예수님의 제자가 된 사람(구속의 은혜를 입은 사람)은 어떻게 살아야 하는가 하는 것을 가르쳐 주신 것으로 생각합니다. (2011.01.26.)

34

일은 저주인가

> 그리고서 하나님은 아담에게 말씀하셨다. '네가 네 아내의 말을 듣고 내가 먹지 말라고 한 과일을 먹었으니 땅은 너 때문에 저주를 받고 너는 평생 동안 수고해야 땅의 생산물을 먹게 될 것이다.
>
> -창 3:17-

하나님은 아담이 죄를 범하였으므로 죽는 날까지 수고해야 할 일을 우리에게 주셨을까요? 식구들 먹여 살리고, 자식들 가르치고, 취직시키고, 결혼시키고, 병자 돌보고……. 평생을 이렇게 땀 흘리고 살아야 한다면, 또 먹지도 못하고 굶어 죽게 된다면 세상은 너무 삭막한 곳입니다. 그런데 아담이 죄를 범하기 전에도 하나님은 아담에게 일을 주셨습니다. "바다의 고기와 공중의 새와 땅의 모든 생물을 지배하라(창 1:28)"라고 명령하며 하나님의 청지기가 되어 창조된 만물을 다스리면서 하나님의 창조 사역에 동참하기를 원하셨습니다.

'백설 공주와 일곱 난쟁이'라는 디즈니 만화 영화가 있습니다. 동물들이 사는 숲속의 세계로 피신한 공주가 들어간 집이 일곱 난쟁이의 집이었습니다. 방이 너무 어질러져 잘 치워주고 깊이 잠이 들었는데 난쟁이들이 광산 일터에서 돌아와 잠들어 있는 예쁜 공주를 보고 황홀경에 빠집니다. 눈처럼 흰 살결, 사과처럼 붉은 입술, 장밋빛 뺨 등 ……. 그런데 그들에게 요리까지 해주는 것이었습니다. 그들은 신이 났습니다. 광산으로 갈 때 연장을 들고 한 줄로 서서 노래하며 발맞춰 걸어갑니다.

"하이호(Heigh-Ho), 하이호(Heigh-Ho), 캐자, 캐자, 캐자. 우리의 광산에서 온종일 캐자!"

그들은 집에서 기다리는 백설 공주를 생각하면 일이 기쁩니다. 다이아몬드도 루비도 많지만 무엇을 위해 캐는지 그들은 상관하지 않습니다. 빨리 부자 되려는 계교를 쓰는 것도 아니고 그냥 즐겁게 캐는 것입니다. 하이호, 하이호.

그런데 세상에는 일 때문에 괴로운 사람이 있습니다. "아이고, 아이고, 오늘도 일해야 하네" 아침 일찍부터 밤늦게까지 일하고 귀가하면 졸도하듯이 쓰러지는데 수요일에는 일을 빨리 마치고 집에 가야 합니다. 아내가 교회에 가는 동안 어린애를 돌봐 주어야 하기 때문입니다. 토요일에 오전 근무를 마치고 쉬려 하면 아내는 찬양 연습으로 교회를 나가서 또 아기를 봐야 합니다. 어떨 때는 회식을 하고 밤늦게 돌아옵니다. 일요일은 가족 전체가 교회에 나가야 합니다. 쉬는 시간이 없습니다. 아담이 죄를 지어서 죽는 순간까지 수고해야 겨우 먹고 사는 것처럼.

우리는 영혼 구원을 받았기 때문에 이제 더는 죄인이 아닙니다.

범죄하기 전의 상태로 회복되었습니다. 이제 우리는 하나님의 일을 맡은 청지기입니다. "아이고, 아이고!"가 아니라 "하이호, 하이호"입니다. 교회에서 하는 일도, 사회에서 하는 일도 다 하나님의 청지기가 되어 하나님의 일을 하는 것입니다. 우리 마음에 백설 공주 같은 우리의 구원자이신 예수님이 계시면 발걸음이 가벼워져야 합니다. (2011.02.02.)

35

기도부탁 2

형제 여러분, 끝으로 다시 한번 부탁합니다. 주님의 말씀이 여러분 가운데서와 같이 급속히 퍼져나가 사람들이 경건하게 받아들일 수 있도록 우리를 위해 기도해 주십시오./또 심술궂고 악한 사람들에게서 우리를 구해 달라고 기도해 주십시오. 모든 사람이 다 믿는 것은 아닙니다.

-살후 3:1~2-

　우리나라처럼 기도를 열광적으로 하는 나라도 없다고 합니다. 그래서 한국의 새벽기도를 외국 사람들이 많이 수입해 간다고도 합니다. 또 만나면 누구에게든지 기도 부탁을 잘합니다. 어느 구름에서 비가 올 줄 모르니 부탁해 두자는 심정은 아니겠지요?

　어느 목사님이 한 번은 교인을 만나서 요즘 트럭을 샀느냐고 물었더니 "무슨 트럭이요?"라고 대답했다는 것입니다. "사업 밑천으로 트럭 한 대가 꼭 필요하다고 기도해 달라고 하지 않았소?"라고 물었더니 머리를 긁적거리며 "아, 그거요. 진즉 포기했습니다"라고 했다는 것입니다. 목사님은 정성을 들여 기도했는데 막상 부탁한 사람은 그런 부탁을 한 것도 잊고 있었다는 것이지요.

또 어떤 분은 작은 식당을 하나 내고 개업을 했는데 목사님께 이를 위해 와서 식당이 실패하지 않고 번창하도록 기도를 해 달라고 부탁했습니다. 그런데 막상 기다리던 목사님은 바빠서 안 오고 부목사가 와서 기도하고 갔습니다. 이것 때문에 그분은 목사가 오지 않고 부목사를 보냈다고 교회를 옮겼다고 합니다.

기도는 주님과의 대화입니다. 그리고 주는 신랑이고 자기는 신부입니다. 그런데 기도를 꼭 누군가가 그 부부 사이에 끼어서 말을 해주어야 할까요?

데살로니가후서는 바울이 새로 생긴 지 1, 2년도 안 되는 데살로니가 교인에게 자기를 위해 기도해 달라는 기도 부탁을 합니다. 이 교회는 많은 박해를 받고 있었으며 말세에 대한 잘못된 가르침이 교회 안에 침투해서 자기들도 혼란한 가운데 있었습니다. 기도의 거장에 비하면 약하고 약한 그들에게 왜 기도 부탁을 한 것일까요? 바울은 구체적인 부탁으로 복음전파가 잘 되고 자기를 심술궂고 악한 사람으로부터 건짐을 받게 해 달라는 것이었습니다. 그러나 바울은 고린도에서 데살로니가에 편지를 쓰고 있던 당시 유대인이 자기를 대적하여 비방할 때 주의 환상이 나타나 "내가 너와 함께 있으니, 아무도 너를 해하지 못할 것이다.…(행 18:10)"라는 계시를 받았기 때문에 자기의 신변 보호만을 위해서라면 굳이 약한 데살로니가 교인들에게 기도 부탁을 했을 리가 없습니다. 기도 부탁은 자기가 진 짐을 덜고자 하는 것이 아니라 자기의 사역에 적극적으로 동참해 달라는 강권이라고 생각합니다. 데살로니가 교인들

에게 기도 부탁을 하여 바울의 사역에 참여하게 함으로써 자기가
믿음으로 승리할 때마다 그들도 믿음으로 승리하는 것을 체험하
게 하려고, 즉 믿음이 강해지도록 기도 부탁을 한 것으로 생각합
니다. 우리는 응답해야 합니다. (2010.02.09.)

36

애꾸눈으로 본 세상

> 그들은 40일 동안 그 땅을 탐지하고 돌아와서/바란 광야 가데스에
> 있는 모세와 아론과 모든 이스라엘 백성에게 자기들이 본 것을 이야
> 기하며 가지고 온 과일을 보여 주었다.
>
> -민 13:25~26-

　이스라엘 백성이 광야에 있을 때 12지파에서 한 사람씩 택한 12
명의 정탐꾼을 가나안 땅으로 보냈습니다. 그때 이들은 위 성경 구
절과 같은 보고를 하였습니다. 그중 10지파의 대표는 "우리는 네피
림의 후손인 거인 아낙 자손들도 거기 있는 것을 보았습니다. 우리
가 보기에도 우리 자신들이 메뚜기처럼 느껴졌는데 그들의 눈에도
우리가 그 정도밖에 보이지 않았을 것입니다(민 13:33)"라고 보고했
는데 여호수아와 갈렙은 "여러분, 여호와를 거역하지 마십시오. 그
땅 사람들은 우리 밥에 지나지 않습니다. 그들을 조금도 두려워하
지 마십시오. 그들의 보호자는 떠났고 여호와께서는 우리와 함께
계십니다. 그러니 조금도 두려워하지 마십시오(민 14:9)!"라고 상반된
보고를 하였습니다. 똑같은 것을 왜 이렇게 틀리게 보는 것입니까?

김수환 추기경이 자기는 일반 서민과 같지만 똑같을 수 없는 자리에 있었다고 하는 말이 생각납니다. 같은 것을 같게 볼 수 없었다는 이야기입니다.

　저는 이번에 아내와 함께 한쪽 눈의 백내장 수술을 했습니다. 수술을 끝내고 안대를 하고 집으로 운전해서 와야 하는데 병원에서 "아버님, 본인이 운전하고 가시는 것은 위험합니다. 우리 병원은 '안전 귀가 제도'를 운영하고 있습니다. 대리운전자를 불러드리겠으니 그렇게 귀가하시지요"라고 해서 병원에서 서비스를 잘한다고 생각했는데 운전자가 집에 도착하자 이만 원을 요구했습니다. 우리 집은 시내에서 멀어서 40분은 걸리는 거리였습니다. 다음날 또 병원에 가야 하는데 대리운전자를 부르기 싫어서 제가 애꾸눈으로 운전하고 갔습니다. 세상은 외눈이라고 달리 보이는 것이 아니고 두 눈으로 보는 것과 똑같았습니다. 돌아올 때는 안대를 떼고 왔기 때문에 이제는 두 눈으로 왔는데 시력이 밝아져서 더 잘 보였지만 없는 것이 보이는 것도 아니었습니다. 다만 외눈이었을 때는 열쇠를 열쇠고리에 거는데 잘 걸리지 않고 3.1절에 국기를 다는데 실을 구멍에 잘 꿸 수 없는 것 정도였습니다.

　외눈박이 원숭이가 사는 마을에 갔더니 양 눈을 가진 원숭이가 병신 취급을 받았다는 이야기도 생각났습니다. 외눈박이 원숭이가 자기들이 보는 세상이 제대로 된 세상이라고 우길 수 있겠다는 생각을 하였습니다. 왜 하나님께서 두 눈을 주셨습니까? 두 눈이라야 정확한 거리 감각이 생기기 때문입니다. 거리 감각이 없어도 살 수는 있습니다. 외눈박이 원숭이가 사는 나라에서는 그들과 똑같은 것을 보고 살 수 있습니다. 그러나 두 눈을 가진 원숭이는 외눈박이 원숭이가 보는 것에 알파를 더해서 볼 수 있는 감각이 있습니다.

여호수아와 갈렙도 가나안에서 똑같은 것을 보았습니다. 그러나 똑같은 것을 그대로 볼 수 없었습니다. 그들은 하나님께서 준 영안(靈眼)을 가지고 있었기 때문에 다른 사람이 보지 못한 환상을 본 것입니다. (2011.03.09.)

37

시험 잘 보게 해 주세요

> 너희는 먼저 하나님의 나라와 그의 의를 구하라. 그리하면 이 모든
> 것을 너희에게 덤으로 주실 것이다.
>
> -마 6:33-

한 집사님의 아들이 수능시험을 보게 되어 기도하기 시작했습니다. 자기는 아들을 도울 지혜도 없고 능력도 없어 생수를 떠 놓고 신령님께 빌듯 지성으로 하나님께 기도를 드릴 수밖에 없다고 생각한 것입니다. 아들 하나는 공사판에서 막노동하는 남편처럼 살게 하지 않겠다는 것이 이 집사의 소원이었습니다. 그런데 아이가 어느새 커서 대학에 들어갈 나이가 되었습니다. 꼭 좋은 대학에 진학을 시켜야 하는데 믿고 의지할 분이 하나님밖에 없었습니다. 그래서 새벽마다 기도회에 나와 울면서 하나님께 매달려 꼭 시험을 잘 보게 해달라고 기도했습니다. 그런데 기도만 해서는 안 될 것 같았습니다. 뭔가를 드려야겠다는 생각으로 '일천번제'라는 이름의 헌금을 시작했습니다. 헌금을 많이 드려 좋은 성적을 얻는다면 빚을 내서라도 드리고 싶었습니다. 곰곰이 생각하다 목사님께 부탁해서 기도를 더 힘 있게 해 달라고 하는 것이 효과가 있을 것 같아 용기를 내어 목사님을 찾았습니다.

"목사님, 우리 아들이 이번에 수능시험을 보는데 잘 보게 해달라고 기도 좀 해주세요"

"시험은 공부를 잘해야지 기도한다고 되는 게 아니지"

"공부를 잘하면 기도해 달라고 하겠어요? 못해도 하나님께 매달려 어떻게 해 달라는 것 아닙니까? 하나님은 무엇이든지 하실 수 있잖아요"

"물론 하나님은 주시기를 좋아하시지. 그러나 하나님을 두려워하고 섬기는 것이 아니라 무얼 맡겨 놓은 것처럼 이것 달라, 저것 달라 하면 좋아하시겠어?"

"그래도 아무것도 안 들어주신다면 무엇 때문에 기도하고 교회 다닌데유?"

"하나님을 기쁘시게 하려고 다니는 것이지. 그런데 '일천번제'라고 우리 교회에서는 듣지도 못한 헌금 낸다고 하나님이 기뻐하시겠어? 그러지 말고 아들이 학교에 나가기 전에 매일 5분만 붙들고 하나님께서 지혜 주시라고 기도해봐요"

이 자매는 목사님의 말대로 그것도 해보리라고 생각하고 아들을 붙들고 눈물로 매일 기도했습니다. 수능이 끝났는데 역시 좋은 성적이 아니었습니다. 대학을 취직이 잘 된다는 산업대학 야간을 택해 지원하였습니다. 한 번은 목사가 물었습니다.

"기도 응답을 받았나?"

"네. 산업대학의 야간을 지원했는데 장학금을 받았습니다" 그리고 환한 얼굴로 말했습니다. "그것보다도 이 애가 이제부터는 나를 따라 교회에 나오겠답니다"

하나님께서는 자기 욕심을 위해 구해도 아들의 장래를 위해 더 나은 것을 주시는데 먼저 하나님의 의를 구하면 얼마나 풍족한 열매를 주실까요? (2011.03.16.)

38

기도부탁 3

> 그리고 천둥과 번개가 치고 큰 지진과 요란한 소리가 났는데 그 지진은 땅에 사람이 생긴 이래로 일찍이 볼 수 없었던 엄청나게 큰 것이었습니다./ 그러자 모든 섬은 사라져 버리고 산들도 자취를 감추어 버렸습니다.
>
> -계 16:18, 20-

지난 3월 11일(2011년) 일본의 센다이 근해에서 강도 8.8의 대 지진이 발생하였습니다. 거기다 큰 쓰나미가 밀려와 미야기현 전체는 쓰레기장처럼 되어 폐허 속에 사람과 집과 차들을 묻어버렸습니다. 무슨 재앙입니까? 요한계시록에 보면 일곱 천사가 든 일곱 대접 중 마지막 대접을 공중에 쏟으니 "모든 섬은 사라져 버리고 산들도 자취를 감추어 버렸습니다"라는 요한계시록의 그런 대 재난을 가까이서 보는 것 같았습니다. 특별히 저는 외손녀가 JET(Japan Exchange & Teaching) 프로그램으로 홋카이도 남단의 아오모리에 가 있는데 거기도 재난을 당해 통신이 끊겨서 며칠 동안은 하나님께 매달려 기도만 했습니다. 일본을 그렇게 미워했는데 그것 때문에 그 나라가 저주를 받은 것이 아닐까 해서 회개하였습니다. 우리나라를 착취하고 애국자를 무자비하게 죽이고, 국모인 민비(閔妃)를 머리채를 잡고 끌어내어 석유 불로 태워 죽이고, 세계 제2차 대전 때는 남자는 징용으로 여자는 정신대(일본군 위안부)로 성 노리갯감으로 삼았으며 지금도 역사를 왜곡하고, 독도를 자기네 땅이라고 우기는 것을 보면 너무 미워서 일본 신사 터에 기전 학교를 지을 때 맨 먼저 아마테라스 오미카미(일본 신도 최고의 신)가 앉았던 자리에 화장실부터 지었다는 인돈(W. Linton) 선교사의 이야기에 기분이 상쾌해지는 그런 마음을 가졌던 것을 회개한 것입니다. 섬도 산도 지금까지 있었던 것은 다 사라져 버리는 세상 종말의 때가 온다면 무엇을 용서하지 못할까 하는 생각이 든 것입니다.

며칠 전 한국에 선교사로 왔던 미국 친구로부터 기도 요청하는 이메일을 받았습니다. 일본 대지진의 생존자를 위해 기도해달라는 것이었습니다. '일본의 조상들이 인류 역사에 얼마나 가공할 만한 범죄를 저질렀는지 모르기를 원하지 않습니다. 그들은 비열하게 진주만을 기습하여 애리조나호와 함께 1,177명의 미국 시민을 수장했으며 필리핀에서 바타안 죽음의 행진(Bataan Death March; 1942년 필리핀의 바타안 반도에서 미군과 필리핀이 패했을 때 95,000명의 포로를 97km 도보로 걸려 수용소로 이동하며, 죽이고 목매달고, 칼로 찌르고 낙오된 병사를 죽인 잔악한 행렬)을 시켰으며 미국의 전쟁포로들을 굶겨 죽인 백성입니다. 그러나 이들을 용서하고 기도합시다'"라는 호소문이었습니다.

여러 사람에게 보낸 호소문이었기 때문에 한 사람이 댓글을 달았습니다. '동의합니다. 그들의 회복을 위해 기도하려 합니다. 그러나 어떻게 기도해야 할지 막연합니다'"

우리가 모든 것을 용서하고 정성 어린 구호의 손길을 보낸다면 그들이 앞으로 독도에 대한 터무니없는 욕심을 철회할까요? 왜 이렇게 꼬리를 달아 기도하려 하는지 부끄러웠습니다. 그냥 하나님의 마음이 되어 측은한 마음으로 상처를 싸매주는 기도를 해야 하겠습니다. (2011.03.17.)

39

추모합니다

> 그 성의 거리 중앙으로 흐르고 있었습니다. 강 양쪽에는 생명 나
> 무가 있어서 일 년에 열두 번 열매를 맺는데 달마다 과일이 맺혔습니
> 다. 그리고 그 잎은 모든 나라 사람들을 치료하는 약이 되었습니다.
>
> -계 22:2-

위 내용은 사도 요한이 마지막으로 본 천국의 환상입니다. 우리
성도들이 죽어서 갈 곳이기도 합니다. 알파와 오메가요 시작과 마
침이신 하나님이 창조하신 세상을 마감하실 모습을 본 것입니다.
하나님께서 세상 창조를 마치셨을 때 에덴동산에는 생명 나무가
있었습니다(창 2:9). 그런데 아담이 하나님의 말씀을 순종하지 않아
죄를 범했을 때 "땅은 너 때문에 저주를 받고 너는 평생 동안 수고
해야 땅의 생산물을 먹게 될 것이다(창 3:17)"라고 하나님께서 말씀
하시며 "그 사람을 쫓아내시고 에덴 동산 동쪽에 그룹 천사들을
배치하여 사방 도는 화염검으로 생명 나무의 길을 지키게 하셨습
니다(창 3:24)" 인간이 접근하지 못하게 하신 것입니다. 그런데 마지
막 날에는 강 양쪽에 생명 나무를 두고 열두 종류의 열매를 맺게

274   주와 함께 살며 묵상하며

해서 사람이 먹을 수 있게 하셨습니다. 그뿐 아니라 그 나뭇잎은 상처받은 인간을 치유하는 약이 되게 하신 것입니다. 예수 그리스도의 순종을 통해 천국에서 이 용서와 치유의 기쁨을 주시지 않았다면 믿는 자의 소망이 헛되었을 것입니다.

저는 존경하는 목포 성모의원의 원장님을 지난 21일(2011년 3월) 하나님 곁으로 보냈습니다. 24살에 의과대학을 마치시고 9년간 군의관으로 근무하시다가 전주를 잠깐 들러 50년 가까이 목포에서 사시면서 목포 시민들을 사랑하고 가족을 사랑하며 병원을 비우지 않고 지낸 분입니다. 여든둘에 하나님의 부르심을 받았는데 노령화되어가는 세대에 노인들을 돕고 싶어 서울까지 세미나와 강연회에 다니면서 학회 참석 점수를 쌓아서 대한 노인병 학회에서 실시하는 노인병 전문의 자격 인정 증을 받았습니다. 또한 대한 IMS(근육내자극술) 회원으로 시술 인증자격을 가지고 두통, 요통, 관절염 등 만성 연부 조직통 등을 침술과 비슷한 방법으로 환자들을 치료하셨습니다. 본인이 간암 말기의 진단을 받고 통증을 참으며 집에서 와병 중일 때에도 친한 환자가 오면 나가서 치료를 해주었습니다. 그래서 와병 후 40여 일 만에 소천 되었을 때 목포 시민들은 그것을 믿지 못했습니다. 사람은 다 그렇게 죽는 것이 아니냐고 말할지 모르지만, 하나님께서는 당신을 사랑하신 아들을 아십니다. 하나님은 줄지어 기도하는 세상 모든 사람의 눈물과 그분을 보낸 단 한 사람의 눈물을 같이 보십니다. 수천수만의 공덕으로 칭송을 받는 분과 그분이 말없이 남기고 간 이웃과 가족에 대한 흔적을 같은 크기로 보십니다. 그래서 그렇게 의욕적으로 타인만을 위해 살다가 간 그분을 요한에게 보여준 낙원에 불러 애통하는 것이나 곡하는 것이나 아픈 것이 다시 있지 않게 해주신 것입니다. 그분은 이미 주님을 영접했을 때에 주와 동행하며 생명 나무의 이파리로 병자를 치유하고 계셨습니다. 이제는 천사들을 배치하여 지키는 천국의 생명 나무 곁에서 주와 함께 편히 쉬시리라 믿습니다. (2011.03.30.)

언제 담을 헐어주시겠습니까

> 예수님은 우리의 평화가 되시는 분이십니다. 그분은 유대인과 이
> 방인을 갈라 놓은 담을 헐어서 둘이 하나가 되게 하셨습니다.
>
> -엡 2:14-

　예수께서 십자가에 돌아가심으로써 그리스도 밖에 있던 이방인과 그리스도 안에 있는 성도가 그들 사이에 막힌 담을 헐고 한 몸이 되게 하셨습니다. 예수님이 돌아가실 때 성전의 휘장이 둘로 갈라지면서 죄로 원수 되었던 하나님과 인간이 화목하게 되었습니다. 서로 욕하던 유대 사람과 이방 사람이 예수 안에서 하나가 된 것입니다. 십자가와 주님 부활의 소식은 우리로서는 상상할 수 없는 그런 좋은 소식입니다.

　1989년 11월 9일 동독이 탈출자를 막기 위해 1961년에 세운 베를린 장벽이 무너졌습니다. 동독은 서독으로 자유롭게 여행할 수 있다는 소식이 퍼지고 28년간 막힌 담을 불도저가 밀었습니다. 사상과 정치적 이념으로 막힌 담이 무너진 것입니다. 우리는 63년간 막힌 담을 지금도 헐지 못하고 서로 헐뜯고 있습니다. 아예 한 민족이 아니었으면 좋겠다고 생각하는 사람도 있습니다. 이사야 선지가 말한 "이리가 어린 양과 함께 살며, 표범이 새끼 염소와 함께 눕고…∥ 젖먹이가 독사 곁에서 놀며 어린 아이들이 독사 굴에 손을 넣어도 해를 입지 않을(사 11:6, 8)" 때가 우리나라에는 안 오는 것일까요? 올해에도 이를 부활의 소망으로 기대할 수는 없는 것일까요?

2000년 제1차 남북 이산가족 상봉 때 만난 오영재 동생의 시를 지금도 되새깁니다. 혹 해외에서 발표된 자기 시를 소식을 모르는 남한의 가족이 읽어 주었으면 좋겠다는 염원으로 쓴 것입니다.

어머니께 편지를 씁니다./ 몇 번째 써 보내는 편지인지/ 그것은 나도 모릅니다./ 보내는 편지마다/ 이 땅을 갈라 놓은 분계선 철조망에 찢기어/ 지구를 안고 다시 나의 가슴에 돌아왔습니다./ 때로 그 장벽을 넘어 나래 쳐간 마음의 편지는/ 온 남녘땅을 헤매다가 찾은/ 늙으신 어머니의 머리맡에/ 아들의 말 없는 안부를 남기며/ 이내 가슴에 다시 돌아왔습니다.

그렇게 만나기를 염원하던 어머니는 막상 2000년 남북 상봉으로 왔을 때는 돌아가신 지 5년 뒤의 일이었습니다. 어머니를 잃고 계속된 시입니다.

어머니 가시니/ 그리움도 갑니다./ 두고 온 남녘에는 혈육들이 많아도/ 나를 낳아 젖을 먹여 키워주신/ 어머니만큼 그리운 이 있겠습니까∥ 이름도 얼굴도 모르는 친척/ 단 한 번만이라도 정을 나누어보지 못한/ 그런 친척이야 남이나 뭐 다릅니까∥ 한 지붕 아래서/ 한 이불을 덮고 자며/ 어린 시절 정을 나눈 혈육들이/ 하나 둘 가기 전에/ 그리움이 가기 전에/ 통일합시다.

부활의 주님께서는 언젠가 우리나라에 기적의 역사를 이루실 것을 믿습니다. (2011.04.27.)

어버이날의 어버이들

> 예수님은 그들이 강제로 자기를 잡아 그들의 왕을 삼으려 한다는
> 것을 아시고 혼자서 다시 산으로 올라가셨다.
>
> -요 6:15-

　우리나라는 이승만 대통령이 1955년 미국에서와 같이 5월 둘째 주일(5월 8일)을 어머니 주일로 정했는데 그때부터 주일과는 상관없이 5월 8일을 어머니날로 지켜 왔습니다. 1960년부터는 이날을 어버이날로 바꾸었지만, 교회에서는 날짜에는 상관없이 5월 첫 주를 어린이 주일, 둘째 주를 어버이 주일로 지키고 있습니다. 어버이 주일의 설교는 으레 부모에게 순종하고 그들을 공경하여야 자녀가 잘되고 땅에서 장수한다고 가르칩니다. 또 완악하고 패역한 아들이 부모의 말을 듣지 않으면 성읍 장로들에게 끌고 갈 때 돌로 쳐 죽이라는 성경 말씀도 있다고 경고합니다(신 21:21). 용돈도 후하게 드리고 효도해야 한다고 의무조항을 추가합니다. 워낙 가치관이 전도되어 며느리가 우선순위 1위요, 다음이 아들, 다음이 남편, 다음이 애완동물, 다음이 가정부, 다음 6순위가 부모가 되는 대접을 받아왔기에 이런 설교가 필요한지도 모릅니다. 그러나 효도를 하는 사랑하는 자녀를 둔 부모는 이런 설교가 부담스럽습니다. 노령화 시대가 되어 양쪽 부모 부양도 힘 드는데 부모의 생일, 또 어버이날, 아파트의 노인정, 교회의 경로잔치 등을 챙기려면 자녀들의 허리가 휠 것을 생각하면 효도도 그만하라고 말하고 싶을 때가 있기 때문입니다. 실제로 며칠 전에는 함께 병 든 노부부가 징검다리 연휴에 자식 가족을 다 제주도에 여행시키고 미안하다는 유서와 함께 자살해 버린 사건도 있습니다.

미국의 어머니 주일의 유래는 우리나라와 다른 것 같습니다. 그들은 떳떳하게 어머니 주일에 대접을 받을 수 있는 것처럼 느껴집니다. 미국은 남북전쟁이 끝난 1865년 50만이 넘는 자녀와 남편들을 잃고 노예 문제로 서로 원수같이 된 감정의 앙금 속에서 어머니들이 모임을 하고 '어머니들이여 일어서라. 무슨 이유로든 전쟁은 안 된다. 의견이 갈라진 가정은 화해해야 한다' 이렇게 훌륭한 사회운동을 시작한 것이 어머니날의 기원이 되었기 때문입니다. 이를 시작한 사람 중의 하나인 앤 자비스(Ann Jarvis) 부인이 1905년에 사망하자 그녀가 오랫동안 주일학교 교사로 있던 감리교 성공회 교회에서 1907년 어머니들의 미덕을 추모했는데 그 자리에서 그녀의 딸 안나 자비스(Anna Marie Jarvis)는 어머니의 유지를 받들어 500송이의 카네이션을 기증하였습니다. 이것이 계기가 되어 미국은 1914년 윌슨 대통령의 재가를 얻어 매년 5월 둘째 주일을 어머니날로 정하고 공휴일로 선포하게 되었다고 합니다.

얼핏 보면 그들은 당당하고 떳떳하며 사회에서 어머니 구실을 잘
한 것 같아 부럽습니다. 그래서 당당히 어머니날에 대접을 당연히
받아야 한다고 생각됩니다. 그런데 우리 어머니들은 어떻습니까?
'나는 아무것도 한 일이 없다'라고 말하며 산으로 숨어서 기도합니
다. 어머니날은 오히려 이런 어머니들을 위한 것이 아닐까요?
(2011.05.17.)

42

남편에게 순종하시오

> 아내들은 주님께 순종하듯 남편에게 순종하십시오./이것은 그리
> 스도께서 교회의 머리가 되시는 것처럼 남편은 아내의 머리가 되기
> 때문입니다. 그리고 그리스도는 자기 몸인 교회의 구주가 되십니다.
>
> -엡 5:22~23-

요즘 아내에게 "남편에게 순종하시오"라고 하면 간 큰 남자로 생각합니다. 여성 상위 시대가 되어가는 때에 "순종하시오. 남편은 아내의 머리이기 때문입니다"라고 하면 그냥 듣고 있을 아내가 어디 있습니까? 가정이 평화로우려면 아내의 뜻에 순종해야 한다는 것이 통념인데 성경의 말씀으로 위계질서를 세워보려 해도 안 되는 일입니다. 한 가지 안건에 대해 부부의 의견이 다르면 아내가 성경 말씀을 잘 아는 교회의 권사라 할지라도 아내에게 "남편에게 순종하시오"라고 말할 장사는 없습니다. 하나님과 나 사이에 의견이 갈라지면 어느 쪽을 따라야 할까요? 다 하나님의 뜻을 따라야 한다고 말합니다. "남편에게 순종하시오"라는 말은 바울을 통해 주신 하나님의 말씀입니다. 그러나 아무리 하나님의 말씀이라도 자기가 이해할 수 없으면 순종할 수 없다고 합니다. 남편은 전혀 예수님과 닮지도 않았고 고집 세고 자기중심적이기 때문이라는 것입니다. 따라서 사공이 둘인 배는 산으로 올라갈 수밖에 없습니다.

그런데 성경은 아내가 남편에게 순종해야 할 이유가 뭐라고 하고 있습니까? 그리스도께서 교회의 머리이신 것처럼 남편은 아내의 머리이기 때문이라고 합니다. 무엇이 머리입니까? 머리는 오관을 통해 감성과 이성을 통제하는 곳이며 지혜와 지식의 본산입니다. 예수님께서는 그가 구원하신 자기 몸인 교회의 머리이십니다. 그는 어떻게 교회의 머리가 되셨습니까? 세상의 임금 같은 권력으로 머리가 된 것이 아니고 하나님을 모르는 세상을 사랑하시되 십자가에 자신을 못 박고 죽기까지 하나님께 순종하셔서 인류를 구원하시고 교회의 머리가 되셨습니다. 그를 머리로 섬기는 '믿는 자들의 모임'이 교회입니다. 이처럼 남편을 머리로 섬기는 사람이 참 아내라는 말입니다.

이것은 일방적인 순종 관계가 아닙니다. 이 글이 시작되기 전에 "그리스도를 두려워하는 마음으로 서로 복종하십시오(엡 5:21)"라고 상호적인 순종을 말하고 있습니다. 또 "남편들은 그리스도께서 교회를 사랑하시고 교회를 위하여 자신을 바치신 것처럼 아내를 사랑하십시오(엡 5:25)"라고 남편에게 아내를 극진히 사랑하라고 권고하고 있습니다. 다만 아내에게 먼저 남편에게 순종하라고 성경은 말하고 있는 것뿐입니다. 가정의 평화는 아내의 머리는 남편이요 남편의 머리는 그리스도(고전 11:3)라는 성경적 질서를 유지하는 데 있습니다. 아내들이여, 그래도 "아내는 남편의 머리요"라고 성경을 고쳐 쓰고 싶으십니까? (2011.05.24.)

43

저주를 선포할 때 아멘 할 것이요

> 레위 사람: '이 모든 율법을 지키지 않는 자는 저주를 받을 것이다.'
> 백성: '아멘!'
>
> -신 27:26-

성경 말씀 중에 복을 약속하는 구절이 나오거나 설교자가 복을 선포하면 '아멘, 아멘' 하고 화답하는데 저주의 글이나 그런 설교 말씀(거의 들을 수 없지만)을 들으면 외면할 때가 많습니다. 결국, 우리는 말씀을 선별하여 읽거나 듣는 것입니다. 내 마음에 드는 성경 구절만 읽고 싫은 것은 버립니다. 설교 말씀도 내 뜻에 거스르면 듣지 않고 자주 거스르면 교회를 옮겨 버립니다.

이스라엘 백성들은 광야에서 모세로부터 율법을 받고도 불순종으로 40년을 헤매게 되었습니다. 이제 가나안 국경에서 율법에 대한 순종과 불순종의 다짐을 모세로부터 다시 받게 됩니다. 먼저 가나안 땅에 들어가면 해 뜨는 동쪽으로 세겜을 바라보면서 왼편(북쪽)에 우뚝 선 황폐한 에발 산에 돌비를 세우고 율법의 모든 말씀을 기록하라고 합니다. 그리고 야곱의 두 부인 중, 종 사이에서 태어난 6 지파(종에서 난 4 지파와 레아의 장남 르우벤 및 막내 스불론을 포함)를 에발 산을 향해 서게 하고 오른쪽(남쪽)에 우뚝 선 숲이 울창한 그리심 산을 향해서는 정부인 라헬과 레아 사이에서 태어난 나머지 6 지파를 서게 한 뒤 여호와의 언약궤를 멘 레위 사람 제사장들이 저주의 말씀을 큰 소리로 낭독하면 모든 백성은 '아멘' 하고 외치라고 말했습니다. 그런데 왜 6 지파는 저주의 산 에발을 향해 서게 하고 나머지 6 지파는 축복의 산 그리심(신 11:29)을 향해 서게 했는지 성경 기록으로는 분명치 않습니다. 그러나 실제로 여호수아는 가나안 땅에 입성하여 아이 성을 점령한 뒤 세겜에 들어가자 이를 실천했습니다(수 8:33). 또 여호수아가 죽음을 앞두고 "만일 여러분이 여호와를 섬기고 싶지 않으면, 여러분의 조상이 메소포타미아에서 섬기던 신이든 현재 여러분이 사는 땅의 아모리 사람이 섬기던 신이든 여러분이 섬길 신을 오늘 택하십시오. 나와 내 가족은 여호와를 섬기겠습니다(수 24:15)"라고 이스라엘 민족의 결단을 촉구한 곳도 이곳입니다.

신명기 27장에는 축복의 말씀을 낭독한 것은 나오지 않고 열두 가지의 저주의 말씀을 낭독한 것만 나옵니다. 축복의 말씀에는 누구나 우렁차게 '아멘' 할 것이기 때문에 저주의 말씀을 각인시키기 위해 특별히 기록한 것이 아닌가 생각하기도 합니다.

세상을 살아가면 축복과 저주가 교차됩니다. 저주를 겪지 않은 축복은 참 축복이라고 볼 수 없습니다. 고난과 시련을 꼭 저주로 보아야 할 것인지는 알 수 없지만, 고난을 통해 눈물의 기도를 배우며 시련을 통해 하나님의 마음을 읽게 됩니다. 우리는 우리가 지킬 수 없다고 생각되는 말씀을 읽을 때마다 더 '아멘' 하고 받아들이는 자세가 필요하다고 생각됩니다. (2011.06.07.)

44

기도 제목을 묻는 사람

> 그래서 우리는 하나님이 여러분을 그의 부르심에 적합한 사람으로
> 여기시고 여러분의 모든 선한 목적과 믿음의 일을 그분의 능력으로
> 이루어 주시기를 기도합니다.
>
> -살후 1:11-

저는 기도 제목을 묻는 사람들을 두 종료로 나누는데 첫째 부류는 기도를 많이 해서 응답을 받은 체험이 있는 사람입니다. 상대방의 기도 제목을 묻고 그분을 위해 구체적으로 기도를 해주고 싶은 것입니다. 둘째 부류는 주로 선교편지를 내는 선교사나 선교 기관의 간사들인데 이분들은 대개 선교편지 끝에 자기의 현재 기도 제목을 써서 후원자에게 기도 요청을 하고 후원자의 기도 제목을 묻습니다. 어느 경우나 저는 엎드려 기도하며 주께 매달려 생활하는 이런 성령 충만한 분들을 존경합니다. 그러나 저는 그런 질문을 받을 때마다 곧바로 제 기도 제목을 대 줄 수 없는 것이 부끄럽습니다. 기도 제목도 없이 어떻게 기도하며 신앙생활을 하고 있다고 말할 수 있는지 부끄럽게 느끼는 것입니다.

기도 제목도 저는 두 가지로 분류하는데 하나는 단기적인 제목이며 또 하나는 장기적인 제목입니다. 전자로는 화급하게 교통사고를 당했다든지 고혈압으로 병원에 입원하게 된 사람을 알게 되었을 때의 기도 제목입니다. 이 외에도 자녀의 입학, 배우자, 새로운 직장, 소소하게는 대학생 사역을 위한 차량 구입, 또는 낡은 컴퓨터의 교체 등을 원하는 것들을 흔히 기도 제목으로 봅니다. 후자로는 건강하기, 잘 살기, 잘 죽기가 있는데 이것은 누구나 갖는 기도 제목이기 때문에 제외한다면 바울이 데살로니가 교인들을 위해 기도한 것처럼 "주님의 부르심에 합당하게 살게 하소서", "우리의 모든 선한 뜻과 믿음의 행위가 주의 능력으로 완성되게 하소서" 이런 것인데 너무 추상적이고 거창하며 생소해서 상대방을 당혹하게 할 것 같아 부탁하기가 어려운 제목들입니다. 그래서 저는 제 기도 제목을 선뜻 대답하지 못합니다. "시력, 청력, 기억력이 급히 쇠퇴하지 않게 해주소서"라고 기도 제목을 말하고 싶을 때가 있지만 이것은 본질적인 기도 제목이 아니어서 무엇 때문에 저에게 주께서 그런 은혜를 주시겠는가 하는 생각이 들어 말을 할 수가 없습니다. 바울은 육체에 가시가 있었지만 "내 은혜가 네게 족하다."는 음성을 듣고 그리스도의 능력이 그의 약한 곳에 머무심을 깨닫고 오히려 기뻐하며 더는 구하지 아니했습니다. 저는 넘치는 은혜 가운데 사는데 무엇을 더 구하겠습니까?

그러나 굳이 저에게 기도 제목을 말하라고 한다면 "매일 성경을 묵상하며 주 안에 사는 삶을 죽기까지 계속할 수 있게 해 달라는 것"이라고 대답합니다. 저는 성령이 충만한 한 전도사님을 압니다. 그분은 나를 생각하고 기도할 때마다 나를 위한 기도 제목이 떠오른다고 합니다. 그것이 뭐냐고 물어도 대답해 주지 않습니다. 바울도 데살로니가 교회의 교인들이 기도 제목을 말하지 않았는데도 꼭 필요한 기도를 했는데 저도 그런 분들의 기도로 살고 있다고 생각합니다. (2011.06.14.)

45

행하는 용기

> 그때 율법학자는 '그 사람을 불쌍히 여긴 사람입니다.' 하고 대답하였다. 예수님은 그에게 '너도 가서 그와 같이 실천하여라.' 하고 말씀하셨다.
>
> -눅 10:37-

이 말씀은 '선한 사마리아인에 관한 이야기'라고 알려진 말씀입니다. "네 이웃이 누구냐"고 묻는 율법사에게 "가서, 너도 그처럼 실천하여라"라고 말씀하신 것입니다. 알고, 깨닫고 그렇게 하겠다고 결심까지 하지만 행하기란 너무 어렵습니다.

저는 지난 6월 둘째 주말에 북미주 지역 대학 총 동문회에 참석할 기회가 있었습니다. 토요일 오후였는데 텍사스 날씨는 섭씨 39도가 넘는 이글거리는 날씨였습니다. 그 속에서도 버스 관광의 마지막 순서로 포트워스(Fort Worth)의 스톡 야드(Stock Yard)에 들러 카우보이 쇼를 보고 저녁을 먹으러 가는 길이었습니다. 갑자기 버스가 더위를 먹었는지 서서 움직이지 않은 것입니다. 원인을 찾아 수리하는데 우리는 두 시간 가까이 노변에 나가 서 있어야 할 처지였습니다. 다리 밑이라 했지만 더운 바람이 온몸을 싸고돌아 얼굴은 잘 익은 붉은 감자처럼 되고 숨쉬기가 어려웠습니다.

한 시간쯤 참고 기다리고 서 있는데 봉고 한 대가 다가와 섰습니다. 자기 교회는 거기서 5분도 채 안 걸려 갈 수 있는 곳에 있는데 에어컨도 잘 되어 있으니 차가 수리되는 동안 쉬었다 가지 않겠느냐는 것이었습니다. 어떻게 알아서 왔느냐고 물었더니 지나는 길이었는데 차가 서 있고 이 더운 날씨에 사람들이 나와 웅성거리고 있어서 왔다는 것입니다. 구세주와 같은 사람이었습니다. 먼저 여자들과 어린애들을 태워 보냈습니다. 그 교회는 갈보리 교회였는데 두 대의 봉고로 계속 회원들을 수송해 와서 천국 같은 대우를 받았습니다. 얼음물을 갖다 주고 의자를 날라다 주어서 토요일에 학생들의 집회도 있었는데 복도에서 편히 쉴 수 있게 해주었습니다. 30여 분 후에 차는 수리 되어서 교회로 우리를 태우러 왔는데 떠나기 전에는 또 볼펜 하나씩을 선물로 주었습니다.

환대를 받고 차 안에서 정말 고마웠다고 감사편지나 전화를 해야겠다고 누구나 말했습니다. 그런 교회를 위해 기도해야 하겠다는 사람도 있었습니다. 그중에는 구제를 온 사람이지만 여자들만 태우고 떠났기 때문에 납치범이면 어쩔까 해서 자동차 등록번호를 수첩에 적어 놓았다는 사람도 있었습니다. 어려움에서 구제를 받고 "하나님, 우리를 사랑하셔서 도움의 손길을 보내주신 것을 감사합니다"라고 기도했을 때 하나님은 무어라고 응답하셨을까요?

"가서, 너도 그와 같이하여라"라고 말씀하셨으리라 생각합니다. 그런데 저는 지금도 감사편지도 감사 전화도 안 하고 있습니다. 행한다는 것이 얼마나 어려운가를 절실히 깨닫고 있습니다.

(2011.06.20.)

46

세상 친구의 유혹

> 여러분은 세상이나 세상에 속한 것들을 사랑하지 마십시오. 누구
> 든지 세상을 사랑하면 그 사람에게는 하나님 아버지에 대한 사랑이
> 없습니다.
>
> -요일 2:15-

교회의 항존직(장로, 권사······) 선거가 끝나면

"너는 이번에도 장로(/권사)가 못 되었어?"라는 질문을 비기독교인 친구에게 듣는 일이 많습니다. 참으로 당혹스러운 일입니다.

"교회의 직분은 계급이 아니야. 은사(재능)에 따라 교회 운영을 원활하게 하려고 만들어진 직급이야"

"말은 그래도, 장로가 안 되어 속상하지 않아? 보아하니 교회도 가기 싫은 표정인데? 평소에 인사도 잘 하던 교인들이 자기를 인정해 주지 않으니 망신은 망신이지"

"장로는 안 하는 게 편해"

"그건 패자의 변명이야. 적극적으로 선거운동을 좀 하지 그랬어? 겸손 떤다고 누가 알아주나?"

"교회는 그런 일을 하는 곳이 아니라니까. 세상하고는 다른 곳이거든"

"교회라고 세상과 다를 게 뭐 있어? 너는 교회에 기부금도 많이 내지 않아? 그러나 그걸 누가 알아주니? 평소에 지역구 관리하듯 자기 홍보를 좀 해두지 그랬어? 사람의 눈에 띄는 일을 먼저 하는 거야. 왜, 그런 것 있잖아? 새벽기도에 열심히 나간다든지, 주차 관리를 한다든지, 아니면 남은 가만히 앉아 있는데 찬양 때 자기만 손을 올리고 좌우로 흔든다든지, 이렇게 꾸준히 자기 홍보를 해야 했던 거야"

"너는 교회에 다니면 왜 꼭 장로가 되어야 한다고 생각하니?"

"장로가 되어야, 목사도 함부로 못 하고, 대외적으로도 장로 타이틀은 있어야 말발이 서지 않니? 솔직히 너도 은근히 바라지 않았어?"

"나는 교인들의 환심을 사고 싶지 않아. 그저 가족과 행복하고, 예배 생활에 행복하면 그것으로 만족해"

"기독교인들은 신비적 체험과 인생 역전을 겪은 거인들을 원하는데 너처럼 평범하고 착한 세상 사람 같은 교인을 선출해 주겠니? 장로 생각은 접고 지금처럼 사는 게 좋겠다"

이 대화는 장로 피택(被擇)에 낙선한 사람에게 친구가 세상을 사랑하라는 유혹을 하는 것으로 "이 세상과 이 세상의 것들을 사랑하지 말라(요일 2:15)"는 요한 사도의 말과는 상반되는 내용입니다. 기독교인은 세상과는 다른 가치관을 따르고 있는 무리입니다. 그러나 가끔 세속적인 탐욕으로 유혹에 빠질 때가 많습니다. 오직 믿음으로 예수 그리스도와 함께 십자가에 자기를 죽이고, 눈에 보이는 것과 권력과 명예욕과 물질의 욕심에서 자기를 죽이고 자유로워지면 주의 영성으로 거듭나서 천국을 소망하고 살게 되어 위로부터 오는 지혜로 이웃을 사랑하고 지상에서 천국을 체험하며 그리스도와 함께 사는 삶이 되리라고 생각합니다. (2011.06.27.)

47

권위 없는 본 보이기

> 내가 너희에게 한 일을 너희도 실천하게 하려고 내가 모범을 보였다.
>
> -요 13:15-

　저는 이번에 미국에 있는 아들 집을 방문했습니다. 그리고 제가 거기서 꾸준히 아침마다 한 일은 아침 6시 15분에 일어나 30분간 산책한 일입니다. 저는 당뇨가 있어서 한 달간 매주 월·수·금 아침에 일어나서, 그리고 저녁 취침 전, 두 번씩 당 수치를 검사해서 기록한 뒤 의사에게 제출하기로 되어 있었습니다. 당뇨 관리는 식생활과 운동인데 당 수치가 높다는 것을 안 뒤는 일상생활이 여간 괴로운 것이 아니었습니다. 평소에 왜 체력관리를 안 했던가 하는 것이 후회스러웠습니다.

　저는 아들 집에 와서 산책하면서 꽤 많은 사람을 만났습니다. 걷는 사람, 뛰는 사람, 자전거를 타는 사람 등등 여러 사람이었는데 그들은 당뇨 때문만은 아니고 비만 관리 때문이라는 생각이 들었습니다. 사실 비만은 몸매 관리뿐 아니라 심장병, 뇌 질환 등 흡연, 음주 이상으로 위험한 병의 원인이 되기 때문입니다. 그러고 보면 미국인은 비만자가 너무 많습니다. 간식으로 먹는 음료와 맛있는 인스턴트 식품이 많기 때문이겠지요. 이들은 건강식을 제대로 하지 않고 주로 간식으로 살아서 자신뿐 아니라 대대로 자녀들까지 나쁜 버릇을 심어 주는 것 같습니다.

나처럼 아침마다 꾸준히 일하는 사람이 하나 더 있는데 며느리입니다. 아침 식단을 하루도 거르지 않고 건강 식단이라고 생각되는 것을 다 차리는 것입니다. 단 호박, 감자, 완두콩, 달걀, 당근, 오이, 오트밀, 블루베리 열매, 브로콜리, 옥수수 등. 그런데 자기는 막상 하나도 먹지 않습니다. 자기뿐 아니라 남편도 자녀들도 안 먹습니다. 으레 늦게 일어나고 아침은 안 먹은 습관이 되었다지만 나이 든 우리가 보기엔 이건 나쁜 습관이라는 생각이 듭니다. 그래서 이 좋은 음식은 우리 내외만 먹는데 우리만을 위해 정성 들여 준비하니 또한 미안했습니다.

온 식구가 나처럼 운동하고 아침에 이 좋은 음식을 먹는다면 얼마나 건강에 좋을까를 생각하는데 그렇게 되지를 않습니다. 사실 제가 매일 시종일관 산책하러 나가는 것은 그들에게 본보기가 되기 위해서입니다. 제가 아침마다 문을 열고 나가면 자기들도 따라와 주었으면 하는 소망 때문입니다. 그런데 행함을 끌어내지 못한 본보기란 무익합니다. 아버지의 권위로 "아침에는 만사를 제치고 집합해라. 이제 운동을 나가는 거다" 이렇게 명령하면 그들이 싫어도 따라올까요? 그런데 저는 그렇게 하기 싫고 그렇게 못합니다. 저는 스스로 깨닫기까지 기다리는 성미입니다.

예수님은 제자들의 발을 씻기는 본을 보이셨습니다. 감히 제 본보기를 어떻게 예수님의 본보기에 비교할 수가 있겠습니까? 예수님은 발을 씻기시는 것으로 인간의 죄를 씻기시는 예표도 되셨습니다. 그러면서 "너희도 이같이 하라"라고 말씀하셨습니다. 그런데 저는 왜 눈치만 보고 "너희도 이같이 하라"는 말을 끝까지 못 하는 것일까요? (2011.07.12.)

48

치매, 어떻게 받아들여야 하는가

> 너희는 그저 '예' 할 것은 '예' 하고 '아니오' 할 것은 '아니오'라고만
> 말하여라. 그 이상의 말은 악에서 나오는 것이다.
>
> -마 5:37-

윗글은 거짓 맹세를 하지 말라는 주님의 말씀 가운데 나오는 마지막 단락입니다. 맹세란 굳게 약속할 때 하는 것인데 이를 분명히 하기 위해서 높은 권위에 위탁해서 하는 경우가 있습니다. 그런데 이것이 자기주장을 포장하는 헛맹세가 된다는 이야기입니다. 예수님은 그런 맹세는 아예 하지 말라고 하셨습니다. 신명기에는 "…그리고 맹세할 때는 여호와의 이름으로만 맹세해야 합니다(신 6:13)"라고 하였고, 하나님께서도 그 약속의 불변함을 더욱 밝게 나타내 보이시려고, 맹세로써 보증해(히 6:17) 주셨는데 왜 예수님은 도무지 맹세하지 말라고 하신 것일까요? 너무 형식적인 헛된 맹세를 하고 있으므로 그런 맹세는 도무지 하지 말라고 말씀하신 것으로 생각합니다. 그럼 어떻게 하라고 하십니까? "…그런 것은 그렇다고 말하고 아닌 것은 아니라고 분명하게 말하여 하나님의 심판을 받지 않도록 하십시오(약 5:12)"라고 말씀하십니다. 사람들은 교만해서 자기의 주장을 하나님의 이름으로 맹세하면 모든 사람이 잘 믿으리라 생각합니다. 그런데 사실은 우리 안의 성령이 '예'인지 '아니오'인지는 더 잘 압니다. 그래서 "예" 해야 할 때 오직 "예"라고만 하고, "아니오" 해야 할 때 오직 "아니오"라고만 하라고 말씀하십니다.

믿는 사람들이 갖는 또는 믿는 사람들에 대한 착각은 예수를 믿으면 결코 나쁜 일은 일어나지 않는다는 것입니다. 잘 믿는데 왜 암에 걸리냐? 왜 치매가 생기냐? 왜 교통사고가 나냐? 왜 이혼하냐? 왜 자살하냐?……

내가 예수를 잘 믿으니 나는 죽기 전에 치매에 안 걸린다고 하나님을 두고 맹세할 수 있습니까?

저는 요즘 너무 깜박깜박하는 일이 많아 이건 치매 증상이 아닌가 하고 놀랄 때가 많습니다. 약을 먹었는지, 차 열쇠를 어디에다 두었는지, 생각이 안 납니다. 지난번에는 캐나다의 오타와에, 중간에 하룻밤을 자면서 운전하고 호텔까지 내비(GPS)만 믿고 주소를 찍고 갔는데 잘못 인도되었습니다. 그때 당혹스러운 것은 잘 알고 있던 그곳 호텔 이름이 생각나지 않은 것입니다. 또 지난주에는 교회에 빗속을 운전해 가서 교회 안 장애인 주차장에 나도 장애인 못지않은 노약자라는 억지를 마음속으로 하면서 주차를 하고 급하게 교회로 들어갔습니다. 예배 중 생각하니 차 문을 리모컨으로 잠그고 오지 않았다는 생각이 들었습니다. 예배 후 가볼 생각이었는데 기왕 늦었으니 점심을 먹고 가야겠다고 생각하고 점심까지 먹고 주차장으로 갔는데 차 열쇠가 호주머니에 없는 겁니다. 혹 꽂아놓고 왔나 해서 급히 가보니 키가 꽂혔을 뿐 아니라 발동도 끄지 않고 놓아둔 채였습니다.

이건 분명 치매 아닙니까? 저는 교회에 나오면 절대 치매 안 걸리며 좋은 일만 생긴다고 하나님을 두고 맹세하며 불신자들을 불러들이지 않을 것입니다. 제게 불행한 일이 생겨도 "예 알겠습니다"라고 할 것입니다. (2011.07.19.)

49

맞춤형 교회

> 머릿돌이 되신 그리스도 예수님 안에서 건물 전체가 서로 연결되
> 어 점점 거룩한 성전이 되어가고/여러분도 성령 안에서 하나님이 계
> 실 집이 되기 위해 그리스도 안에서 함께 지어져 가고 있습니다.
>
> -엡 2:21~22-

가끔 교회를 옮겨야겠다는 말을 듣습니다. 이런 교회에 더는 머
물러 있을 수 없다는 것입니다. 심하면 마음에 맞는 사람끼리 모여
서 새로 교회를 세우기도 합니다. 세상에 교회가 많지만 자기 구미
에 맞는, 듣기 좋은 설교만 하는 교회, 사생활을 간섭하지 않고 교
인 기분을 맞춰주는 교회, …… 그런 교회가 있을까요? 또 있다면
과연 그런 곳을 교회라고 할 수 있을까요? 교회란 마음대로 옮기
고 마음 맞는 사람끼리 만드는 곳이 아닙니다. 왜냐면 교회는 사람
이 만든 공동체가 아니기 때문입니다. 교회는 예수님께서 직접 세
우시겠다고 말씀하셨으며(마 16:18), 교회는 건물이 아니며 성령에
의해 결합하고 예수 그리스도를 구주로 믿는 신자들의 공동체이기
때문입니다. 구약시대에는 성전의 형태로 나타나서 하나님께서 이

스라엘을 부르시고 그 가운데 임재하시고 그들과 만나고 그들에게 자기 뜻을 전하는 곳이었습니다. 그러나 신약시대의 교회는 예수 그리스도께서 대속의 죽으심과 부활을 통해서 예수 그리스도를 머리로 예수 그리스도의 터 위에 세워진 하나님의 자녀들의 공동체입니다. 그곳에 찬양과 예배가 있고 그곳에서 하나님의 말씀이 바르게 선포되고, 올바른 성례가 집행되며 신자들은 거기서 말씀과 믿음을 유지하고 성장하고 지속하여 하나님의 영광이 드러나는 곳이기도 합니다. 교회는 그리스도의 몸이며 성령의 전이며, 성령의 역사로 세워져 가는 곳이며, 천국의 표징으로 마지막 날 그리스도의 재림 때 완성될 천국 보좌의 그림자입니다.

하나님의 택하심과 부르심에 응답하여 교회를 이룬 우리는 그리스도와 함께 죽고 그와 함께 살아 세상을 변화시키고 땅끝까지 이르러 복음을 전하므로 하나님의 나라를 확장하는 의무를 진 사람들입니다. 혹 어떤 목사가 이 교회는 자기가 개척하여 여기까지 성장시켰다고 말하며 교회를 사유화하고 하나님의 일을 한다는 명목으로 교회 재물을 낭비하면 용서받을 수 없는 일입니다. 또 말씀 선포의 특권을 이용하여 세속적인 가치 추구나 상식적인 자기의 주장을 말씀으로 포장하는 일도 있을 수 없는 일입니다. 이런 일들은 하나님의 섭리 안에서 언젠가는 바로잡힐 것입니다. 그러나 이것을 핑계로 교회를 떠날 수는 없습니다. 예수님의 몸이 여러 개 있지 않은 것처럼 몸 된 교회는 하나뿐입니다. 어디서나 믿는 사람의 무리인 우리는 하나님의 영광을 위해 쓰임을 받아야 하며 복음

전파로 천국을 확장하는 일을 해야 하는 것뿐입니다. 우리 각자도 이제 성령의 전입니다(고전 3:16~17). 교회는 그리스도를 믿는 신자들의 공동체이며 그리스도를 머리로 한 지체들의 유기적 통일체입니다. 이 지체들이 주님 안에서 성전으로 자라갑니다. 각기 다른 은사들을 받은 성전들이 그리스도와 연결되어 함께 예수 그리스도를 토대로 한 건물을 이루어 하나님께서 성령이 거하실 곳이 되어갑니다(엡 2:21~22). 교회는 내 뜻대로 바꿀 수 있는 공동체가 아닙니다. (2011.08.03.)

50

육체는 쓰레기인가

예수님은 이 말씀을 하신 후 그들에게 '우리 친구 나사로가 잠들었다. 그러나 내가 그를 깨우러 간다.' 하고 말씀하셨다.

-요 11:11-

예수님께서는 친구 나사로가 죽은 지 나흘이 되었는데 그가 잠들었다고 하시며 깨우러 가겠다고 말씀하셨습니다. 인간은 다 죽는데 예수님 눈에는 죽는 것이 아니라 잠든 것으로 보시는 것입니다. 주 안에서 죽은 자들은 잠든 것이며 마지막 날 주께서 하늘로부터 강림하시면 죽은 자들이 먼저 일어나 공중에서 주를 영접하게 된다는 것이 성경의 가르침입니다.

저는 이번에 미국에 갔다가 친구 집에서 애완견의 유골단지를 집에 놓아둔 것을 보았습니다. 너무 사랑스러운 개인데 집에서 오래 길렀다고 합니다. 저도 보았는데 꽤 큰 개였습니다. 집 뒤뜰에 매놓는데 주인이 집 거실로 들어오면 창문을 통해 알아보고 껑충껑충 뛰면서 너무 기뻐했습니다. 그런데 언젠가는 너무 좋아 열광하고 뛰다가 목 디스크에 걸렸다고 합니다. 그래서 수술비가 300만

원이나 들었습니다. 가족 중에서 그렇게 큰돈 들여 수술한 적이 없었답니다. 이 개가 나이가 드니까 동작이 둔해지더니 하루는 바닥에 앉아 괴로워해서 병원에 데려갔는데 내장에 종양이 생겨 수술해야 한다고 했답니다. 그 개는 수술하다가 사망했습니다. 다음은 내 친구 내외의 설명이었습니다.

"죽은 개를 애완동물 묘소에 갖다 놓았다기에 그곳을 찾아갔더니 장의사들이 검은 옷을 입고 현관문 양옆에 서서 정중히 고개를 숙여 애도의 말을 하는 거예요. 한 관리인이 우리를 사무실로 인도했는데 그곳에는 각종 관이 많이 있더군요. 어느 관으로 하겠느냐고 물어서 어리둥절하고 있었더니 절차를 설명해 주었는데 먼저 관을 택하고 이곳 동물 묘지에 매장할 것인지 아니면 집으로 가져갈 것인지 결정해야 한다고 하더라구요. 집에 묻을 때는 늘 놀던 뜰에 묻어도 되는데 이사할 때가 좀 문제래요. 둘째는 화장하는 방법인데 그때는 유골단지를 택해야 한다며 각종 유골단지를 보여 주더라구요. 난감해하고 있었더니 유골단지 없이 그냥 개가 늘 놀던 땅이나 공중에 또는 바다에 뿌려 버릴 수도 있다고 해요. 너무 집에서 구속되어 있었으나 넓은 공간에 훨훨 날려 보내는 것도 좋은 생각이라는 거지요. 또 다른 방법도 있느냐고 물었더니 관리인은 우리가 글쎄 별로 개를 사랑하지 않은 사람이라는 생각이 들었는지 '사실, 혼이 떠나버린 육체는 쓰레기와 마찬가지입니다. 그냥 버리고 싶으시면 이곳에 두고 가시면 추가 경비 없이 우리가 버립니다. 어떻게 하시겠습니까?' 이러는 거예요. 쓰레기로 버린다는 말을 듣자 얼떨결에 곧 유골단지를 고르고 화장해 달라고 했지요 뭐."

하나님의 형상을 닮아 지어졌다는 인간도 혼이 떠나면 자는 것이 아니라 폐기물로 버려지는 때가 온 것 같습니다. 화장문화 때문에 자칫하면 자녀들의 의식구조가 부모를 폐기물처럼 버리는 쪽으로 정착되지 않을까 걱정입니다. (2011.08.10.)

51

하 목사의 마지막 설교

> 그것은 우리가 여러분에게 전한 기쁜 소식이 말로만 아니라 능력
> 과 성령과 큰 확신으로 전해졌기 때문입니다.…
>
> -살전 1:5-

하용조 목사는 2011년 7월 31일 '변화산에서 생긴 일'이라는 제
목으로 주일 설교를 하신 뒤 다음날 새벽에 뇌출혈로 쓰러져 8월
2일 세브란스 병원에서 오전 8시 40분에 소천하셨습니다.

저는 이번에 데살로니가 전서 1장으로 성경공부를 인도하고 있
었기 때문에 하 목사님의 소천으로 많은 것을 깨닫고 여러 교우와
그 생각을 나누고 싶어졌습니다. 데살로니가 교회는 역사는 짧았
지만, 바울이 복음을 전하고, 교인들이 기쁨으로 받아들이고, 믿
음의 소문이 각처에 퍼진 아름다운 교회였습니다.

한국 개신교의 위기의 하나는 복음을 제대로 전하는 목자가 없
다는 것을 들고 있습니다. 설교자가 다만 사람이 준 지혜의 말, 만
담, 세속적인 유머, 그리고 청중을 웃겨서 사로잡는 말을 하고 성령
의 능력이 보여 준 증거(고전 2:4)로 하지 않는다는 것입니다. 설교

자는 복음 자체인 예수님을 우리 앞에 보여 주는 일입니다. 하용조 목사는 온갖 병으로 사활의 경계선에서 언제나 그날 설교가 마지막이라는 생각으로 말씀을 전했습니다. 무슨 명예와 권력과 부귀를 그가 탐할 수 있었겠습니까? 그는 신자들에게 예수님을 전하고 싶은 생각뿐이었습니다. 그는 마지막 설교에서 변화산을 언급했는데 흰옷 입은 예수님의 모습이 저는 설교하는 하 목사의 모습이었다고 말하고 싶습니다. 그는 지상에서가 아니라 하늘에서 하나님의 음성으로 설교하셨습니다. 그는 피곤하다가도 설교하면 힘이 생긴다고 말했습니다. 어디서 나온 힘입니까? 성령으로 말미암아, 하나님께서 주신 힘입니다. 한마디라도 더 전하고 싶었을 것입니다. 그러나 안타까운 것은 듣는 사람들이 말씀으로 변화되지 않고 교회 마당만 밟고 다니며 자기 유익을 위해, 또 복 받기 위해 앉아서 선포된 말을 사람의 말로만 듣고 복음으로 받아들이지 않은 안타까움을 느낀 것입니다. 그는 설교에서 "교회는 하나님의 영광과 임재의 능력이 가득 차서 들어올 때마다 두려움과 떨림으로 들어와야 한다. 하나님의 임재 속에는 언제나 하나님의 음성이 나타난다"라고 했습니다. 평소에 예배 공동체, 성령공동체를 강조하셨는데 예배 공동체에서 성령의 역사로 말씀이 제대로 선포되고 성도가 기쁨으로 말씀을 받아들여서 거듭난 성도가 되기를 원했다고 생각합니다. 그렇게 해서 75,000명의 온누리 교인들이 선교공동체가 되기를 원했던 것입니다. 하 목사님은 "와서 내 과거를 모두 말해 준 사람을 보시오. 이분이 그리스도가 아니겠습니까?"라고 순박하게 말한 여인을 들어 도전했습니다. "여러분은 최소한 수가성 여인보다도 높은 학력을 가지고 있고 높은 지위를 가지고 있는 분들입니다. 그러나 나는 오늘 여러분의 마음이 가난해져서 수가성의 여인처럼 우리 주 예수 그리스도가 나의 메시아임을 여러분이 발견하고 그분 앞에 눈물을 흘리는, '나의 주 나의 하나님'이라 고백하는 아침이 되었으면 좋겠습니다." 이것이 사도행전 29장을 쓰고 싶다는 그분이 강대상에서 외친 마지막 설교였습니다. (2011.08.17.)

52

교회와 세상

> 이 백성은 입술로는 나를 공경해도, 마음은 나에게서 멀리 떠나 있다. 그들은 사람의 훈계를 교리로 가르치며, 나를 헛되이 예배한다.
>
> -마 15:8~9-

갑자기 출입을 끊은 교인에게 왜 교회에 나오지 않느냐고 물었더니 '세상 꼴도 보기 싫은데 또 교회에 나가서 세상의 축소판을 보란 말이냐?'고 교회에 나오지 않은 이유를 설명하는 것을 들었다고 합니다. 교회와 세상이 구별이 안 된다는 말입니다.

교회가 세상과 얼마나 다른데 같다고 하는 것입니까? 늦잠 안 자고 새벽기도 하지, 수요일, 금요일 교회 나가지, 어떨 때는 광적인 부흥회 하지, 각종 헌금 하지, 수련회 하지, 구역예배 드리지, 성경 공부 하지, 선교회별로 모임 갖지, 전도훈련 하지, 단기 해외 선교 나가지, 친목 식사 하지……. 세상 삶과 같은 구석은 하나도 없습니다. 모든 교인이 교회란 하나님의 부름을 받은 무리로 구원의 방주에 앉아 불쌍한 세상의 죄인들을 향해 생명의 낚싯줄을 던지고 있는 어부며 십자군 같은 전사들의 모임으로 자처합니다. 그들은 예수님의 재림을 고대하는 종말론 자들인데 교회를 떠난 사람이 교회는 세상과 다를 바 없다고 말하니 기가 막힐 일입니다. 그런데 교회를 떠난 이 사람은 교인들은 모두 권위주의자들이고, 돈 자랑하고, 몸치장하고, 교만하고, 몇 안 되는 직분을 계급으로 생각하고 싸우고 질투하고, 편 가르고, 시기하고, 교회 재정을 몇 사람이 좌지우지하고…… 이것은 세상보다 더 추하다는 것입니다. 그보다도 그가 정말 교회 생활에 역겨워하는 것은 그들이 겉으로는 종교인 행세를 하면서 세상 사람들과 다를 바 없으며 바리새인과 서기관처럼 위선자 노릇을 하고 있다는 것입니다.

위선자를 제일 미워한 분은 예수님이었습니다. "율법학자들과 바리새파 사람들아! 위선자들아! 너희에게 화가 있다. 너희는 회칠한 무덤과 같기 때문이다. 그것은 겉으로는 아름답게 보이지만, 그 안에는 죽은 사람의 뼈와 온갖 더러운 것이 가득하다.(마 23:27)"라고 꾸중하셨습니다. 교인들이 정말 위선자라면 교회를 떠난 사람이 영적인 사람이고 예수님을 더 잘 안 사람이며 교회에 남아 있는 사람들은 오히려 종교의 탈을 쓴 세속적인 위선자들이 아닌가 하고 돌아보게 됩니다. 물론 떠난 사람은 택함을 받고 구원받은 서열에 서지 못하여 교회의 마당만 밟고 다니다가 교회를 비판하고 떠났는지도 모릅니다. 그러나 교회에 머물러 있는 사람은 자기가 "겉으로는 사람에게 옳게 보이되 안으로는 외식과 불법이 가득한(마 23:28)" 사람이 아닌지 살펴볼 필요가 있다고 생각합니다. 또 교회를 위한다고 가정도 돌보지 않고 바쁘게 뛰어다니는데 하나님께서는 "번제보다는 하나님을 아는 것을 원하고(호 6:6)" 계시는 것을 잊고 있지 않은지 살펴볼 필요가 있습니다. 겉으로 그럴듯한데 안으로 썩어 있는지 누가 알겠습니까? 2002년에 시카고의 호텔에서 세인트루이스 카디널스의 야구선수가 죽어 있는 것을 발견했습니다. 의사의 검시 결과는 그는 관상 동맥 3개 중 2개가 90% 막혀 있던 상태였다고 합니다. 운동 경기를 하는 선수의 모습에서는 아무 증상을 보지 못했는데 신체 내부는 깊이 병들어 있었던 것입니다. (2011.08.23.)